El azor

Primera edición: febrero de 2017
Título original: *The Goshawk*

© Commander W. H. Griffiths Will Trust and Timothy Lane, 1951
© del prólogo, Helen Macdonald, 2015
© de la traducción, Javier Revello, 2017
© de esta edición, Futurbox Project, S. L., 2017
Todos los derechos reservados.

Diseño de cubierta: Taller de los Libros

Publicado por Ático de los Libros
C/ Mallorca, 303, 2.º 1.ª
08037 Barcelona
info@aticodeloslibros.com
www.aticodeloslibros.com

ISBN: 978-84-16222-15-5
IBIC: BGL
Depósito Legal: B 2547-2017
Preimpresión: Taller de los Libros
Impresión y encuadernación: CPI
Impreso en España — *Printed in Spain*

Cualquier forma de reproducción, distribución, comunicación pública o transformación de esta obra solo puede ser efectuada con la autorización de los titulares, con excepción prevista por la ley. Diríjase a CEDRO (Centro Español de Derechos Reprográficos) si necesita fotocopiar o escanear algún fragmento de esta obra (www.conlicencia.com; 91 702 19 70 / 93 272 04 47).

El azor

T. H. White

Traducción de
Javier Revello

ÁTICO DE
LOS LIBROS

Índice

Prólogo, de Helen Macdonald 9

Primera parte
    Capítulo I 19
    Capítulo II 51
    Capítulo III 73
    Capítulo IV 93
    Capítulo V 113

Segunda parte 137

Tercera parte 183

Epílogo 199

Prólogo

«He estado escribiendo un libro sobre cetrería y sobre el adiestramiento de un azor», escribió T. H. White a su amigo y antiguo tutor de Cambridge L. J. Potts en 1936. Concluyó en tono pesimista que «nadie lo va a leer». En esto se equivocaba. Hoy *El azor* es un clásico literario, considerado por David Garnett, Sylvia Townsend Warner y muchos otros como el mejor trabajo de White. A ratos hermoso, salvaje, cruel, divertido, dulce y trágico, este diario sobre el adiestramiento de un azor es la historia de dos almas desesperadas y confusas que se enfrentan a terribles malentendidos.

En 1936 White renunció a su trabajo como director del departamento de Literatura Inglesa de la escuela Stowe, en Buckinghamshire, y se retiró a una cabaña alquilada en el campo en una granja cercana, donde acogió a un niego de azor macho que le habían enviado desde Alemania. Le encantaba estar rodeado de animales (culebras de collar amaestradas se paseaban por sus habitaciones en Stowe), pero nunca había cuidado de una rapaz antes, y los azores no son pájaros aptos para aprendices de cetrero. Son rapaces tímidas del bosque, inmensamente sigilosas y poderosas depredadoras, muy nerviosas y extremadamente difíciles de amansar. La cetrería, el antiguo arte de cazar animales salvajes con rapaces adiestradas, requiere de empatía, paciencia y habilidad.

Es una tarea complicada y exigente que debe aprenderse de manos de un experto, no de los libros. White tenía una guía moderna sobre cetrería, pero decidió usar métodos del siglo XVII para entrenar a su azor. Veía la cetrería y su vida con el pájaro como un retiro al pasado, lo que le permitía crear en su imaginación un refugio seguro de un mundo moderno que se deslizaba hacia el caos y la guerra. Para él, el adiestramiento del azor era un rito de paso, la prueba que debía superar un caballero. A través de su propio sufrimiento, su paciencia y sus privaciones, adiestraría al azor de forma mágica. En la realidad, la experiencia fue dura para White, pero mucho, mucho más dura para el azor.

El azor es tanto una fábula sobre la individualidad y el ejercicio del poder como un libro sobre un hombre y un pájaro. Puede leerse como una investigación sobre la naturaleza de la libertad, de la educación, del poder, de la guerra, de la historia, de las clases, de la esclavitud, del paisaje inglés y del corazón humano, porque es todas estas cosas y más. Algunos, como Siegfried Sassoon, lo han considerado un libro sobre la guerra; otros, como una especie de oscuro romance: David Garnett lo consideró una historia «extrañamente parecida a algunas de las historias de seducción del siglo XVIII». En los tiempos que vivimos de terrible destrucción del medio ambiente, puede leerse de manera muy útil como un libro acerca de la lamentable incapacidad de la humanidad para concebir la naturaleza como algo más que un reflejo de nosotros mismos. La infancia violenta y desprovista de cariño de White en India, las palizas que recibió en el colegio y la vergüenza que sentía por su sexualidad reprimida (durante toda su vida se debatió contra tendencias homosexuales y sádicas) son la clave de su relación con Gos. El azor era la persona que quería ser: feroz, libre, inocente, extraño y cruel. Se peleaba por civilizarlo como se había peleado por civilizarse a sí mismo. Pero también vio a Gos como una pequeña alma confusa y desconcertada como consecuencia de la crueldad del mundo que lo rodeaba, algo muy parecido a lo que él era de niño. Estos conmovedores paralelismos y proyecciones están presentes en todo el libro, y la voz de su narrador (que pasa de ofrecer una confesión deplorable a un tono lírico y de este al discurso neutro y directo de un profesor de colegio, y vuelta a lo anterior) es en ocasiones persuasiva, en ocasiones, exasperante y siempre, muy reveladora. Cuando las cosas se torcieron (el adiestramiento de Gos no termina bien), White abandonó el manuscrito. Doce años más tarde, su editor lo encontró bajo un cojín en el sofá de White y le suplicó publicarlo. White se resistió («es como pedirle a un adulto que apruebe la publicación de los diarios que escribió durante su adolescencia»), pero finalmente aceptó, con la condición de que incluyera un epílogo en el que explicaba cómo debería haber entrenado al azor.

El azor es un libro idiosincrásico. Sin embargo, fue escrito en tinta verde con la caligrafía cuidadosa y pequeña de White, en las páginas que le sobraron de los cuadernos encuadernados en tela que White había usado para su exitoso libro de ensayos sobre deportes de campo, *England Have my Bones*. Con respecto a su forma (un diario rico en digresiones) y a muchas de sus preocupaciones estilísticas y morales, es en gran medida una continuación de ese trabajo. Pero en muchos otros sentidos, *El azor* es un presagio de *La espada en la piedra*, el libro basado en el primero capítulo de *La muerte de Arturo,* de *sir* Thomas Malory sobre la educación del joven rey Arturo que White escribió al año siguiente y que le otorgó la fama. Pues este libro también es una obra sobre la educación, el poder y la transformación animal, y el medievalismo que aparece en las páginas de *El azor* brilla con más fuerza en él. Posteriormente, White escribió *Camelot,* su épica reescritura de la leyenda artúrica para el siglo XX, sin embargo, detrás de esa gran obra, a la sombra de la historia, se encuentra la figura delgada, moteada, encorvada y emplumada de Gos, sin duda uno de los mejores y más memorables personajes no humanos de la literatura inglesa.

HELEN MACDONALD

EL AZOR

Attilae Hunnorum Regi hominum truculentissimo, qui flagellum Dei dictus fuit, ita placuit Astur, ut in insigni, galea, & pileo eum coronatum gestaret.

[A Atila, rey de los hunos, el más truculento de los hombres, a quien solía llamarse «el flagelo de Dios», el azor le gustaba tanto que lucía uno coronado en su escudo, su casco y su píleo].

ALDROVANDI

Primera parte

Capítulo I

Martes

La primera vez que lo vi era una cosa redonda como un cesto de la ropa cubierto con arpillera. Sin embargo, era tumultuoso y amenazador, repulsivo de la misma forma en que las serpientes resultan amenazadoras para quienes no las conocen, o peligroso como el movimiento súbito de un sapo cerca del umbral cuando uno sale de noche al rocío con una linterna. La arpillera se había cosido con cuerda, y él golpeaba contra ella desde abajo: golpe, golpe, golpe, incesantemente, con claros indicios de locura. El cesto latía como un gran corazón febril. Profería extraños gañidos de protesta, histérico, aterrorizado, aunque furioso y autoritario. Se habría comido vivo a cualquiera.

Cómo habría sido su vida hasta entonces. Cuando era una cría, todavía incapaz de volar y cubierta de plumón, todavía esa especie de sapo moteado, móvil y boquiabierto que encontramos al mirar en los nidos de los pájaros en mayo; cuando, además, era ciudadano de Alemania, tan lejana; entonces, un hombre de mirada penetrante llegó al nido de su madre con un cesto como este y lo metió dentro. Él nunca había visto a un ser humano, nunca lo habían encerrado en una caja parecida, que olía a oscuridad, manufactura y al hedor del hombre. Tuvo que sentir que era como la muerte (aquello que nunca podemos conocer de antemano), cuando, mientras sus garras torpes tanteaban en busca de un asidero antinatural, encogieron y empaquetaron su consciencia de polluelo dentro de aquel entorno oblongo y extraño. Las voces guturales, la guarida inadecuada a la que lo llevaron, las manos escamosas que lo aferraban, el segundo cesto, el olor y el ruido del automóvil, el estruendo insoportable y regular del aeroplano que llevó hasta Inglaterra aquellas garras que botaban y patinaban sobre el traicionero suelo tejido; calor, miedo, ruido, hambre, lo opuesto a la naturaleza: habiendo tenido que soportar esto, aterrorizado, pero todavía noble y locamente desafiante, el azor niego llegó a mi pequeña casa en el campo en su cesto maldito. Era una criatura adolescente y salvaje cuyos padres lo habían alimentado en nidos de águila con carne sangrienta aún temblorosa de vida, un extranjero de lejanas colinas de pinos negrales, donde un puñado de ramas empinadas y algunos excrementos blancos, junto a unos pocos huesos y plumas esparcidos a los pies del árbol, habían sido su herencia ancestral. Había nacido para volar, ladeándose, libre sobre el verdor de aquellas tierras altas teutonas, para asesinar con sus patas feroces y para devorar con ese pico persa curvado, él, que ahora saltaba arriba y abajo en el cesto de la ropa con una cierta precocidad imperiosa, con la impaciencia de un mimado pero noble heredero natural del Sacro Imperio Romano.

Recogí el cesto con cuidado y lo llevé al granero. La casa en la que vivía se construyó durante el reinado de Victoria, con granero, pocilga y tahona, y en ella vivió una vez un guardabosque. Allí, en el bosque, hace mucho tiempo, cuando los ingleses vivían una vida en la que el deporte era algo intrínseco, en vez de competir en juegos con tediosos y abstractos bates de tenis, palos de críquet y mazas de golf, como hacen hoy, el guardabosque que vivía en la casa había criado faisanes. No había alambradas en su época, y las ventanas del bajo granero estaban cerradas con listones de madera, clavados de forma entrecruzada, una celosía de rombos. Dejé a Gos allí, en su cesto, y estaba abriendo la cabeza de un conejo para coger el cerebro, cuando dos amigos a los que había acompañado recientemente en su triste ocupación vinieron para llevarme a un *pub* por última vez. El azor salió del cesto volando con fuerza y voló hacia las vigas mientras su amo, armado con dos pares de guantes de cuero en cada mano, se encogía de miedo cerca del suelo; y entonces ya no hubo tiempo. Había pretendido ponerle un par de pihuelas de inmediato, pero se elevó antes de que hubiese recobrado la compostura; y solo cuando el gran puñado de plumas jóvenes se posó en las vigas vimos que ya las tenía puestas. Pihuelas era como se llamaban las correas que le guarnecían las patas. Dejé el azor para que se acomodara, aún sin los cascabeles, posado en la parte de arriba del viejo granero del guardabosque, siniestro y extraordinario; y nosotros tres salimos al *pub* para celebrar una especie de Última Cena, en la que ninguno estuvo más impaciente por irse que el invitado al que se despedía.

Me trajeron de vuelta sobre las once, y para la medianoche ya les había dado algo de beber y deseado buena suerte. Eran buena gente, tanto como su raza lo permitía, pues eran de los pocos miembros de esta de corazón amable, pero me alegré de que se fueran; me alegré de sacudirme con su marcha el último vestigio de una antigua vida humana y volver al edificio anexo lleno de telarañas donde Gos y un nuevo destino esperaban juntos con obstinada arrogancia.

El azor estaba en la viga más alta, fuera de alcance, mirando hacia abajo con la cabeza ladeada y un leve aire a Lars Porsena.* La humanidad no podía llegar allí.

Afortunadamente, mis movimientos humanos perturbaron a la criatura y la hicieron abandonar la elevada percha que le pertenecía por naturaleza y a la que no estaba habituada, porque sí lo estaba a que llegaran a por ella sin miramientos con ruidos mecánicos, la agitaran con sacudidas industriales y le doblaran las plumas caudales de forma que parecieran la parodia de una mopa.

Aturdido por tantas experiencias, el pájaro abandonó la percha en la que habría sido inexpugnable. Había tristeza en aquella evasión inapropiada. Un azor, demasiado grande para una especie británica, y solo ocho centímetros más pequeño que el águila real, no debería huir, sino perseguir. Como resultado de estar en ese momento aprisionado entre paredes de ladrillo desconocidas, voló torpemente en todas direcciones en aquella habitación inhóspita, hasta que, tras algunas vueltas, lo cogí por las pihuelas y me vi, estupefacto ante tal temeridad, con el monstruo en el puño.

Noche

Las plumas amarillentas del pecho, de un amarillo Nápoles, tenían largas manchas verticales en forma de flechas de color tierra de sombra tostada; sus garras como cimitarras se aferraban al guante de cuero sobre el que estaba posado de forma convulsa. Por un momento, me miró fijamente con

---

* Hace referencia al cuadro de Rubens, *Mucio Escévola ante Porsena* (1620). En él se presenta al rey etrusco Lars Porsena sentado en un trono, con la cabeza ladeada y asombrado, frente al héroe romano, en actitud desafiante. *(N. del E.)*

ojos enloquecidos, de color caléndula o diente de león, con todo el plumaje alisado y la cabeza agachada como la de una serpiente cuando odia o tiene miedo, y entonces empezó a debatirse salvajemente.

Se debatió. En los colegios de primaria privados seguía diciéndose que algún alumno había empezado a «debatirse» por la mañana. Era una palabra que se había utilizado desde que se empezaron a utilizar rapaces en Inglaterra, y, por tanto, desde antes de que Inglaterra fuera un país. Hacía referencia al vuelo picado de rabia y terror al que una rapaz atada se lanza desde el puño en un salvaje intento por liberarse y tras el cual queda colgada boca abajo de las pihuelas en un frenesí de alas como un pollo al que van a decapitar y que gira, lucha y arriesga dañar sus cuchillos.

Al cetrero le correspondía levantar a la rapaz de vuelta al puño con la otra mano con delicadeza y paciencia, solo para que el ave volviera a debatirse, una vez, dos, veinte, cincuenta, toda la noche, en el granero oscuro a medianoche, a la luz de una lámpara de queroseno de segunda mano.

Fue hace dos años.[*] Nunca había adiestrado a una rapaz de verdad antes, ni conocido a un cetrero vivo, ni visto a una rapaz adiestrada. Tenía tres libros. Uno de ellos era de Gilbert Blaine, el segundo era medio volumen de la *Badminton Library* y el tercero era el *Tratado sobre halcones y cetrería* de Bert,[†] impreso en 1619. De ellos tenía una noción teórica, bastante desfasada, de cómo adiestrar a una rapaz.

En este proceso, era inútil someter a la criatura por la fuerza. Las rapaces no tenían fama de masoquistas, y cuanto más se las amenazara o torturara, más amenazaban de vuelta.

---

[*] En 1937.
[†] *Treatise of Hawks and Hawking*, de Edmund Bert. *(N. del E.)*

A pesar de ser salvajes e intransigentes, era necesario «someterlas» de alguna u otra forma, antes de que pudieran ser domadas y adiestradas. Cualquier crueldad, inmediatamente tomada como ofensa, era peor que inútil, ya que el pájaro jamás se plegaría o sometería a ella. Poseía el último e inviolable refugio de la muerte. La rapaz maltratada elegía morir.

Así, los antiguos cetreros habían inventado una forma de domesticarlas que no resultaba evidentemente cruel, pero cuya crueldad secreta también tenía que soportar el adiestrador: mantenían al pájaro despierto. No mediante golpecitos, ni de ninguna forma mecánica, sino andando con el pupilo en el puño y manteniéndose ellos mismos despiertos. Se «hacía guardia» con la rapaz, un hombre insomne la privaba de sueño, día y noche, durante dos, tres o incluso nueve noches seguidas. Solo los profesores ineptos tardaban nueve noches; un genio podía hacerlo en dos y un hombre normal, en tres. El cetrero trataba siempre al cautivo con total cortesía, con absoluta consideración y dulzura. El cautivo no sabía que lo mantenían despierto a propósito, sino simplemente que lo estaba y, en un momento dado, demasiado somnoliento como para importarle lo que pasara, dejaría caer la cabeza y las alas y se quedaría dormido en el puño. Diría: «Estoy tan cansado que acepto esta curiosa percha, deposito mi confianza en esta curiosa criatura, lo que sea con tal de descansar».

A esto me disponía yo ahora. Debía mantenerme despierto, si era necesario, durante tres días y tres noches durante las cuales, esperaba, el tirano aprendería a dejar de debatirse y aceptaría mi mano como percha, aceptaría comer allí y se acostumbraría un poco a la extraña vida de los seres humanos.

Era muy interesante y fruto de deleite, el deleite del descubridor; había mucho en lo que pensar y muchísimo a lo que atender. Implicaba andar en círculos a la luz de la lámpara, levantando constantemente a la víctima con una mano amable sobre el pecho, tras la centésima debatida. Implicaba tararear para uno mismo en tono desafinado, hablarle al azor, acariciar sus garras con una pluma cuando aceptaba quedarse en el guante; implicaba recitar a Shakespeare para mantenerse despierto, y pensar con orgullo y felicidad en la tradición de las rapaces.

La cetrería quizá fuera el deporte en práctica más antiguo del mundo. Había un bajorrelieve de un babilonio con una rapaz en el puño en Khorsabad, de tres mil años de antigüedad. Mucha gente no conseguía entender por qué resultaba placentero, pero lo era. Me parecía adecuado que me alegrara continuar siendo parte de un largo linaje. El inconsciente de la raza era un medio en el que el propio nadaba microscópicamente, y no solo lo hacía en el de la raza actual, sino también en el de todas las predecesoras. Los asirios habían engendrado hijos. Aferraba la huesuda mano de aquel ancestro, en la que todos los nudillos estaban tan bien definidos como la pantorrilla color nuez de su pierna en bajorrelieve, a través de los siglos.

Las rapaces eran la nobleza del aire, gobernadas por el águila. Eran las únicas criaturas que el hombre se había molestado en legislar. Aprobábamos todavía leyes para preservar ciertos pájaros o ilegalizar ciertas formas de cazarlos, pero no nos molestábamos en poner reglas para los pájaros en sí. No decíamos que un faisán solo puede pertenecer a un funcionario o una perdiz a un inspector financiero. Pero antaño, cuando conocer el manejo de una rapaz era el criterio por el que se reconocía a un caballero (y, entonces, ser un caballero era un concepto definido y, por tanto, ser declarado «plebeyo» por el College of Arms era el equivalente de no ser designado «piloto» por el Royal Aero Club o «automovilista» por las autoridades competentes), el *Boke of St. Albans* había especificado con precisión los miembros de la familia *Falconidae* adecuados para cada persona. Un águila para un emperador, un halcón peregrino para un conde; la lista clasificaba de forma meticulosa en sentido descendente hasta llegar al cernícalo, el cual, como insulto supremo, le correspondía a un simple sirviente, ya que era inútil adiestrarlo. Bien, pues el azor era el siervo adecuado para un terrateniente, y a mí me bastaba así.

Había dos clases de rapaces, las de alto vuelo y las de bajo vuelo. Las de alto, cuyo primer cuchillo era el más largo, eran los halcones, de quienes se ocupaban los halconeros. Las de bajo, cuyo cuarto cuchillo era el más largo, eran varias especies distintas, y de ellas se ocupaban los azoreros. Los halcones volaban alto y se lanzaban sobre su presa; las segundas volaban bajo y mataban con sigilo. Gos era un jefe tribal entre estas últimas.

Pero su personalidad que me daba más placer que su linaje. Tenía una cierta forma de mirar. Los gatos pueden mirar a una ratonera con crueldad, a los perros se los puede ver mirar a sus amos con amor, un ratón miraba a Robert Burns asustado. Gos miraba atentamente. Era una mirada alerta, concentrada y penetrante. Mi deber ahora era no devolvérsela. Las rapaces son sensibles a la mirada y no les gusta que se las observe. Observar es su prerrogativa. El tacto de un azorero a este respecto me parecía ahora delicioso. Era necesario quedarse quieto o andar con cuidado bajo la suave luz del granero, mirando fijamente al frente. La actitud debía ser conciliadora, complaciente, paciente, pero segura de alcanzar su firme objetivo. Debía mantenerme de pie, mirando más allá del azor hacia las sombras, haciendo pequeños movimientos cautelosos, con todo sentido alerta. Tenía una cabeza de conejo en el guante, abierta para mostrar el cerebro. Con ella debía acariciarle las garras, el pecho y el borde entrante de las alas. Si le molestaba de la manera errónea debía desistir de inmediato, incluso antes de que se molestase; si se irritaba de la correcta y empezaba a picotear aquello que le importunaba, debía continuar. Mi tarea era distinguir las molestias lenta, continua, amorosa y persistentemente; acariciar y jugar con las garras, recitar, emitir las más amables quejas y silbar de forma coqueta.

Después de una o dos horas así, empecé a pensar. Ya había empezado a calmarse y se mantenía en el guante sin debatirse mucho; pero había sufrido un viaje largo y terrible, así que quizá sería mejor no mantenerlo de «guardia» (despierto) aquella primera noche. Quizá debería dejarlo recuperarse un poco, liberarlo en el granero y solo venir a intervalos.

Fue cuando acudí a verlo cinco minutos pasadas las tres de la mañana que se posó voluntariamente en el puño. Hasta entonces, lo había encontrado en sitios inaccesibles, posado en la viga más alta o volando de percha en percha. En ese momento, al acercarme a él suavemente con la mano extendida y pies imperceptibles, fui recompensado con una pequeña victoria. Gos, con ademán seguro pero parcialmente desdeñoso, se posó en el guante extendido. Empezó no solo a picotear el conejo, sino a comer de manera distante.

Nos volvimos a encontrar a las cuatro y diez, y ya empezaba a despertar el alba. Una levísima iluminación del cielo, inmediatamente perceptible al abandonar el fuego de la cocina, un frío en el aire y una humedad bajo los pies anunciaban que ese Dios que indiferentemente administra justicia había ordenado el milagro de nuevo. Salí del fuego de la casa al aire futuro, despierto incluso más temprano que los pájaros, y fui hacia mi imponente cautivo en el granero con techo de vigas. La luz más brillante relucía en sus cuchillos, era un lustre acerado, y a las cinco menos diez el brillo de la pequeña lámpara de dos peniques había desaparecido. Fuera, en la penumbra y la tenue madrugada, los primeros pájaros se movían en sus perchas, todavía sin cantar. Un pescador insomne pasó a través de la neblina para probar suerte con las carpas del lago. Se paró fuera de la celosía y nos miró, pero se fue rápidamente. Gos lo aguantó bastante bien.

Ahora comía malhumoradamente del puño, y Roma no se construyó en un día. Roma fue la ciudad en la que Tarquinio violó a Lucrecia, y Gos era romano a la vez que teutón; era el Tarquinio de la carne que desgarraba, y entonces su dueño decidió que ya había aprendido bastante. Había conocido a un pescador extraño a través de la ventana que amanecía; había aprendido a morder patas de conejo, aunque fuese remilgadamente; ya sería más humilde cuando tuviera más hambre.

Me marché a través del rocío profundo para prepararme una taza de té. Entonces, entusiasmado, me fui a dormir desde las seis hasta las nueve y media de la mañana.

Miércoles

A las diez del día siguiente el azor no había visto a ningún humano durante cuatro horas, aunque estaba más perspicaz. Probablemente también habría dormido durante ese tiempo (a no ser que la luz del día y la incertidumbre lo hubieran

Pihuela

Pihuela en rapaz

Tornillo para extremo de pihuela

Lonja que va a través del tornillo

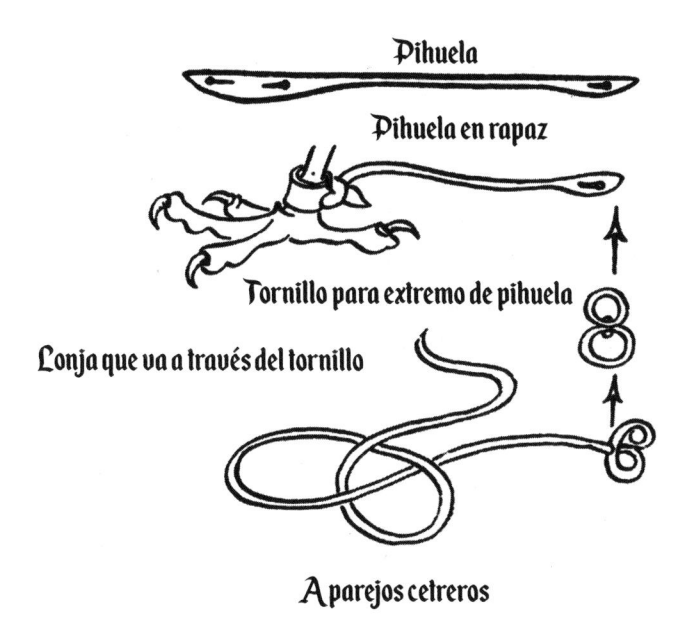

Aparejos cetreros

mantenido despierto) así que, aunque estaba hambriento, se encontraba en parte liberado de la imposición de una personalidad humana. Ya no se posaba en el guante, como había hecho desde las tres, sino que de nuevo volaba de viga en viga como si acabase de salir del cesto. Fue un retroceso en el camino hacia el éxito, y me enfadó.

A una rapaz se la sujetaba mediante un par de pihuelas, una en cada pata, que se unían por los extremos por medio de un tornillo a través del cual se podía pasar la lonja.

Dado que el tornillo de una de las pihuelas de Gos se había desgastado, había sido imposible pasar la lonja (un cordón de cuero de una bota, en mi caso) a través de este. No podía atar el tornillo. De hecho, ni siquiera tenía tornillo, por lo que había atado las dos pihuelas entre sí y después las había anudado a un trozo de cuerda que hacía las veces de lonja. No recuerdo por qué no até la lonja a la percha, para evitar así que se escapara. Probablemente no tuviera percha y, de todas formas, me correspondía descubrir todas estas cosas mediante práctica. Nunca ha sido fácil aprender de la vida mediante libros.

Entonces, como consecuencia, al alejarse el pájaro de su torturador con silenciosas y grandes aletadas, enganchó la lonja en un clavo y colgó cabeza abajo lleno de rabia y terror. Con este ánimo habíamos de comenzar su primer día completo, y el curioso resultado de ello fue que, una vez atado, se puso inmediatamente a comer vorazmente, recto y tranquilo, hasta que hubo terminado una pata entera. Siempre se mostraba más sumiso después de montar un buen alboroto, como más tarde descubrí.

Un chico que una vez me encargó cuidar de dos gavilanes llegó a las doce y media. Durante las horas de tranquilidad, había sido posible elaborar un detallado inventario del plumaje del azor, y los resultados no habían sido satisfactorios. Las puntas de todos los cuchillos se habían partido un tercio de centímetro y la cola entera estaba doblada debido a su lucha en el cesto, hasta el punto de que no era posible distinguir ningún detalle en aquel horrendo enredo. La forma de enderezar las plumas caudales era sumergirlas en agua casi hirviendo durante medio minuto. Era necesario decidir si debía hacerse ahora o más tarde. Si lo hacía ahora y tenía lugar una riña torpe y enconada, se echaría a perder esa primera impresión amistosa considerada importante en todos los estamentos sociales y profesiones. Si lo hacía más tarde, y provocaba también un enfado, podría deshacer semanas enteras de adiestramiento. Opté por la decisión arriesgada y puse la cacerola al fuego. De perdidos, al río, pensé, así que le presentaría el azor al chico al mismo tiempo. Sería útil en la operación subsiguiente.

La primera etapa en el adiestramiento de una rapaz era «amansarla», es decir, acostumbrarla al hombre en todas sus actividades, para que ya no la asustaran. Primero hacías que se acostumbrase a ti en la oscuridad, después en una luz tenue, después de día; finalmente, la acercabas a un extraño a quien habías avisado de que se quedara sentado muy quieto sin mirarla, y así. Un azor podría tardar alrededor de dos meses en tolerar automóviles y todo lo demás. Esta era la razón por la que la visita del pescador había sido un paso interesante y por qué presentarle al chico a plena luz del día daría lugar ahora a una crisis.

Esta se resolvió de forma exitosa. Pensando en ello de antemano, dado que uno ha de planear improvisadamente cada paso en el adiestramiento de una rapaz, me había guardado el hígado del conejo, una picada, como soborno similar a la mermelada con la que solían darnos la medicina. Le conté al chico mis planes, fui a por Gos y le di la mitad del hígado. Cinco minutos después, dejé pasar al muchacho; esperé a que el azor lo evaluase; me acerqué a Gos tres veces al pecho con la mano izquierda, cada vez más cerca hasta que llegó a tocarlo, y, a la cuarta, le pasé la mano derecha cariñosamente por la espalda y lo sujeté con suavidad y firmeza en un solo movimiento. Mientras le hablaba y lo apretaba de forma que, dado que no podía pelear, no pudiera recordar luego el episodio como un conflicto, le sumergimos las plumas caudales en la cacerola, le cambiamos la pihuela desgastada por una nueva y el trozo de cuerda por una lonja de cuero de verdad, y lo volvimos a poner con dulzura en el guante, sin recuerdo amargo alguno. Inmediatamente, a pesar de que el chico estaba allí, Gos se abalanzó sobre lo que quedaba del hígado y lo engulló como si siempre hubiese comido sobre aquel guante, con la postura recta y las garras asiendo el puño con fuerza, cerniéndose sobre los pedazos sangrientos y desgarrándolos como el águila de Prometeo.

—¡Es precioso! —dijo el chico, con asombro, reverencia y verdadero deseo de tener él uno también.

Jueves

A un cuidador de rapaces de alto vuelo se lo solía llamar halconero; a uno de las de bajo, azorero. El término en inglés, *austringer*, derivaba de la raíz de *ostrich*, que significaba «avestruz», el más grande de los pájaros. El adiestramiento de un azor, la rapaz europea de bajo vuelo más grande, podía esperarse que durara alrededor de dos meses. En ese tiempo, una criatura ingobernable habría aprendido a hacer bajo mandato lo que instintivamente hubiese hecho en dos o tres días en estado salvaje. Dos meses era mucho tiempo.

Lo que un azor aprendía en un día rara vez podría apreciarlo nadie que no fuese su amo, pues el proceso requería mucha cautela y delicadeza, y la verdadera dificultad de escribir un libro sobre el tema sería saber qué detalle debía omitirse. Había decidido escribir uno. En el dietario donde anotaba todo sobre el azor, cada comida quedaba registrada de inmediato, detallando la hora y la cantidad, y cada paso, positivo o negativo, se anotaba con el tedio del amor verdadero. Esto debía ahorrársele al lector paciente. Sin embargo, gran parte del interés, si es que había alguno, de un libro sobre cetrería obviamente residiría en esos mismos detalles. Por otro lado, se corría el riesgo de ser didáctico o demasiado técnico, y era una locura pensar que alguien quisiera comprar un libro sobre simples pájaros, sin actrices, ni abrazo en primer plano en el último capítulo. De todas formas, tenía que escribir algún tipo de libro, porque solo tenía a mi nombre cien libras y mi casa del guardabosque me costaba cinco chelines a la semana. Parecía lo más adecuado escribir acerca de aquello que me interesaba.

Mis amigos intelectuales de aquella época, de entreguerras, solían decirme: «¿A santo de qué malgastas tu talento en alimentar pájaros salvajes con conejos muertos?». ¿Era hoy oficio ese para un hombre? Me recordaban con insistencia que era un tipo inteligente, y por tanto debía ser serio. «¡A las armas!», gritaban. «¡Abajo los fascistas, y larga vida al pueblo!» Así, como hemos podido comprobar desde entonces, todo el mundo acabó por tomar las armas y por disparar a la gente.

Era inútil decirles que prefería disparar a conejos que a gente.

¿Pero de qué diantres trataría el libro? Trataría de los esfuerzos de un filósofo de medio pelo que vivía solo en el bosque y que, cansado de la mayoría de los humanos, intentó adiestrar a una persona que no era humana, sino un pájaro. Dichos esfuerzos podrían tener algún valor dado que se enfrentaban continuamente con dificultades que debían resolverse con ingenio, dado que la cetrería era un deporte tradicional aunque en declive y dado que todo el asunto era inefablemente difícil. Había dos hombres a quienes conocía por correspondencia a los que podía pedir consejo. Tenían sus propias ocupaciones y quizá tardaran quince días en responder a una carta. Con la ayuda de sus respuestas y de tres libros, me disponía a tratar de reconquistar un territorio sobre el cual los contemporáneos de Chaucer habían divagado libremente.

Abajo los conejos, pues, y larga vida al pueblo. Si mis lectores querían ir de tranquila excursión por el campo y por el pasado, que así fuera; si no, bueno, al menos no dispararía a aquellos que no me leyeran.

Lunes, martes y miércoles

Tendría que empezar por el sueño. Tuvo que haber muchos miles de personas vivas por aquel entonces que no hubieran dormido durante tres días y tres noches, debido a la Primera Guerra Mundial. Sin embargo, la cuestión era que el azorero, dado que iba a la batalla con el séquito de Guillermo, se había acostumbrado a realizar esta hazaña durante tres noches cada vez que adquiría un pasajero. Hombre contra pájaro, con Dios como árbitro; ambos se habían aguantado durante tres mil años. Si el azorero estaba casado o tenía ayudantes, sin duda habría sido fácil hacer trampas en el gran combate. Habría hecho la guardia a ratos, mientras otro continuaba la batalla. Pero si estaba soltero, si era pobre y no tenía ayuda, entonces él solo habría agotado la resistencia del rey de los pájaros, enfrentándola con la de un sirviente entre los hombres.

Desde aquella mañana de lunes hasta las cuatro de la mañana del jueves, dormí irregularmente seis horas y media. Era agradable. Hacer guardia con la rapaz, triunfar sobre ella, hombre contra hombre (por decirlo de algún modo), las experiencias extremadamente bellas de la noche que se le niegan a un porcentaje tan alto de la civilización, el sentimiento de triunfante resistencia que surge de tantos infiernos en los que se desea dormir, la cansada alegría con la que se iban anotando las sucesivas capitulaciones del enemigo una tras otra: estas eran las cosas que, anotadas en su día respectivo, debía tratar de recordar.

Sería mejor dejarlas como el revoltijo al que la codicia por dormir las había reducido, simplemente aportando coherencia a ese laberinto de entradas casi sonámbulas del dietario, escritas de forma desordenada con una mano mientras el azor estaba posado en la otra. Eran un grito desde el infierno, pero de los condenados triunfantes y contentos. «Si puedes aguantar la incomodidad de trasnochar con ella durante tres noches», decía mi autoridad, Gilbert Blaine, «se puede domesticar a la rapaz en tres días». ¡Meiosis magnífica! ¡Mártir invencible de la noble ciencia!

Había dos lugares: uno era una cocina pequeña, con un fuego y un sillón, y el otro, el granero iluminado por la lámpara. El viento entraba a través de las rendijas del entablado de un lado y salía por el otro a través de la celosía a la noche que la lámpara tornaba negra. Unos cuantos palos, botellas, ladrillos rotos, telas de araña y parte de un horno oxidado adornaban el interior propio de un cuadro de Rembrandt. Esta era la cámara de torturas, la mazmorra medieval en la que se iba a atormentar al saqueador. Se sentía uno como si fuese un verdugo, como si la máscara negra tuviera que haberle ocultado el rostro, mientras trabajaba a la tenue luz de una mecha solo entre los chillidos de su víctima. Como una liebre, como un niño agonizante, como un enloquecido cautivo de los horrores de la Bastilla, Gos gritaba mientras se debatía y colgaba retorciéndose boca abajo sin parar de chillar. Y de pronto, súbitamente, apareció un búho fuera. Los gritos obtuvieron respuesta. *«A moi! A moi! Aiuta! Hilfe!»*, gritaba Gos, y el búho respondía: «¡Ya va! ¡Ya va! ¡Sé fuerte, vamos en tu ayuda, resiste!». Era espeluznante, casi aterrador, encontrarse en medio del intercambio de chillidos del mártir y su compatriota, en la mazmorra silenciosa y víctima de la noche.

El dietario contiene escenas olvidadas. Estaba el hombre balanceándose lentamente de pie hacia delante y hacia atrás, como un péndulo. Sostenía al azor en un puño y una pata de conejo en el otro, y recitaba. Tenía los ojos cerrados, como el pájaro. Ambos estaban dormidos. Estaba el hombre que contaba el número decreciente de debatidas tras cada visita; estaban los paseos por senderos solitarios durante el día, los cálculos mentales ante cada avance, las medias horas junto al fuego de la cocina en las que la estilográfica y el *whisky* trataban de seguirle el ritmo al sueño, los dedos que dolían por los picotazos, la búsqueda de carbón a través de la hierba nocturna cubierta de rocío bajo una enorme luna naranja en su último cuarto; había niebla, botas mojadas, silencio, soledad, estrellas, éxito y obediencia.

La última noche se llegó a un punto crítico. La resistencia del hombre había resultado insuficiente contra la del azor, así que me había convencido ahora de que podría hacer la guardia en la cocina. Tenía un embaldosado que no se mancharía con sus heces, un fuego, un quinqué y un sillón. Mi querida perra Brownie se sentaba en una silla a la derecha del fuego, yo a la izquierda y el azor en medio, sobre una percha improvisada. Ya sin chillar, piando como un petirrojo, Gos no sabía hacia dónde mirar. Cuando aumenté la intensidad de la potente lámpara la miró atentamente, pues era mágica. El haz se elevó hasta el techo y él lo siguió con la mirada hasta el círculo de luz. Aumentaba y disminuía la cantidad de esta para mantenerlo despierto, y su cabeza se movía con ella. Levantó la cola, expulsó un chorro de heces sobre el suelo y miró alrededor con cansado orgullo de creador. Las horas pasaban y se le agachaba la cabeza, parpadeaba y se le cerraban los ojos. Me levanté para llevarlo en el puño de forma que no se durmiera, pero también estaba atontado por la guardia y no cogí las ataduras con fuerza. Las alas batieron en el momento erróneo, la lonja se me escapó y de pronto la rapaz exhausta estaba posada sobre una fuente sopera de porcelana de Sèvres, la única pieza de vajilla valiosa que había. El hombre machacado por el sueño afiló su ingenio para afrontar la nueva crisis. Ambos, pájaro y hombre, estaban demasiado cansados para causarle problemas al otro; pero, justo cuando estaba atando de nuevo al azor a la percha, mi perra se implicó como tercera parte. Brownie, que había sido durante dos años a menudo mi única y siempre mi principal y más querida compañera, había pasado días y noches sin recibir atención. Su cara ansiosa frente a esta deserción incomprensible se había vuelto cada vez más y más lastimosa al no recibir compasión y, de pronto, le fue imposible soportarlo. Vino humildemente, con el corazón roto, a pedir consuelo con miedo y desolación. Estaba incluso asustada de este nuevo amo, ausente y de ojos enloquecidos, y se acercó de una forma dolorosa de describir. Me dijo: «¿Me rechazas para siempre?». Así, en ese momento el hombre tuvo que reunir fuerzas para afrontar una nueva exigencia, para consolar a la pobre criatura con un corazón al que no le quedaban energías. Su cara confusa y afligida pudo incluso con el agotamiento.

Cuando Gos finalmente se rindió, la conquista fue visible. Posado en el puño, dejó caer la cabeza y recogió las alas, ya no firmes y bien colocadas a la altura de los hombros, sino colgadas ahora a cada lado del cuerpo con los bordes humildemente apoyados sobre el brazo. Los párpados se le caían irresistiblemente sobre los ojos rendidos y la cabeza se le inclinaba del sueño que su amo, cansado como estaba, se veía forzado a negarle con un movimiento suave. Se había establecido un vínculo entre los dos protagonistas, de piedad por un lado y de confianza por el otro. Habíamos esperado pacientemente setenta y dos horas este momento; el momento en el que el azor, no coaccionado por alguna crueldad sino solo por el deseo de dormir (que no relacionaba conmigo), pudo decir por primera vez con confianza: «Tengo tanto sueño que confiaré en este guante como percha en la que dormir, a pesar de que me acaricias, a pesar de que no tienes alas y tu pico es de cartílago flexible».

Jueves

Un azorero solitario y económicamente independiente tenía poco tiempo para vivir una vida propia; de hecho, no podía vivir en absoluto, ya que su vida era su trabajo. En este aspecto, se parecía al jornalero del siglo pasado. Cada vacación que se tomaba del azor, este retrocedía en su adiestramiento el doble de rápido de lo que se podía esperar avanzar. Teóricamente, debería haber llevado a la criatura consigo dondequiera que fuese, desde el amanecer hasta la noche, y solo haber visitado sitios que convinieran al azor. Ahora lo estaba amansando y lo exponía sucesivamente a una conmoción tras otra. Debía planear sus excursiones en base a esta idea, de forma que se encontrase progresivamente con un extraño que se mantuviera quieto, con un extraño que anduviera y corriera, con dos extraños, niños, grupos, un ciclista, un automóvil, tráfico, y así sucesivamente. En todo momento el pájaro debería haber vivido, y haberse alimentado, exclusivamente en el guante. Tendría que haber aprendido a considerarlo su percha y hogar natural, de forma que cuando llegase el grandioso y lejano día en que volase libre, volviera a este automáticamente, al no tener vida fuera de él. La forma más rápida de adiestrar un azor habría sido levantarse a las seis de la mañana y llevar al pájaro consigo durante doce horas diarias, uno o dos meses, sin pausa.* De esta forma, incluso un azorero con servicio habría sido un hombre ocupado.

Me desperté de nuevo al mediodía, puesto que ahora el problema de la comida se tornaba urgente. No solo debía, idealmente, llevar a Gos conmigo todo el día, sino que también estaba la necesidad de cazar su comida y prepararme la mía. Esto trae a colación el siguiente factor importante, no el de la resistencia nocturna o de el de la incesante fuerza de voluntad diaria implícita en este tipo de existencia de colonizador, sino el del clima y la estación. Nada estaba más entretejido en la esencia de la cetrería que el sol y el viento. Tanto tiempo al aire libre le aportaba un cariz peculiar al asunto, un trasfondo vital muy diferente al trasfondo local de un árbol o una casa. El mismo campo o el azor eran diferentes bajo la lluvia, las mismas circunstancias eran alegres o tristes dependiendo de si brillaba el sol. Cuando ya llevaba en el oficio un mes o dos, los granjeros me preguntaban si haría bueno por la mañana de la misma forma en la que se supone que ha de preguntársele a un marinero. No confiaban mucho en mi juicio, es cierto, pero de vez en cuando se molestaban en preguntar y valorar la respuesta, ya que sabían que miraba al cielo asiduamente. Me equivocaba tan a menudo como ellos, es decir, generalmente.

Así que debería dar una idea del clima cuando empezamos. Era a finales de julio, y aunque la primavera y el verano habían sido horribles en Inglaterra, justo entonces tuvimos algunos días buenos. Esto confirió un tono alegre a las primeras jornadas con Gos, así que las recuerdo como días de largas caminatas. Por las tardes solía principalmente salir a por su comida, ya que era preferible que se le diera fresca cada día. Di largos paseos, muy contento de encon-

---

* Ver *Epílogo*.

trarme solo al fin, con el cañón de la escopeta caliente al sol; los setos estivales rezumaban vida, y estuve al acecho durante largos periodos y cacé sin problemas a conejos que estaban quietos. No disparaba en absoluto por deporte, sino por necesidad, y era esencial que volviese con el azor lo antes posible. La exigencia de no perder el tiempo y matar con convicción me afectaban terriblemente a la hora de disparar y me provocaban una terrible ansiedad, y me preguntaba qué pasaría cuando la siguiente guerra mundial nos hubiera reducido al salvajismo y a cazar para comer. El arte de la caza al salto caería en desuso entonces, cuando los cartuchos que hubieran sobrado del combate fuesen escasos y la comida muy preciada. Cuando se acabasen los cartuchos del todo, el azor sería una verdadera bendición. Los franceses lo llamaban *cuisinier*, aquel que proveía de vianda en el comedor.

Después estaba la imagen extrañamente salvaje del hombre asado por el sol que, después de haberse acercado con sigilo al conejo y haberlo matado golpeándolo rápidamente en la cabeza, lo pone boca arriba e inmediatamente empieza a pasar la afilada hoja del cuchillo por la piel del estómago. La tranquila elegancia con la que el cazador suele arrastrar el cadáver y lo lanza por encima de la hembrilla de una puerta como algo ya sin importancia había desaparecido. Suponía que un observador escondido habría pensado que me había vuelto un animal de nuevo, como un aborigen o un zorro, o incluso como el azor mismo. La soleada imagen era primero una en la que había movimiento sigiloso, tornado de golpe actividad súbita por el fuerte estallido, la carrera y el golpe de gracia; y luego, de nuevo, se volvía estática, una corta confusión de pequeños movimientos inclinada sobre la presa. Era necesario eviscerar a esos conejos lo más rápidamente posible, dado que así se mantenían frescos.

Fue ese día que vi lo que entonces pensé que era una pareja de gavilanes. La mayor parte de los cazadores de Inglaterra se fijan en un tipo de rapaz, el cernícalo, y dispararán a cualquiera de las rapaces bajo la suposición de que este grupo de aves es hostil al desarrollo de la caza. Pero ahora que estaba sumergido de golpe por primera vez en su mundo, y había entrado, por así decir, en otro estrato de la vida o capa del aire, empecé a ver rapaces por donde iba, y era asombroso ver cuántas había, previamente insospechadas, en tan solo un pequeño recorrido de unos cuantos kilómetros. Era su recelo lo que las hacía evitar ser vistas, a no ser que se las buscara.

Empezaba a acostumbrarme al tipo de voces que emitían las rapaces. Gos tenía diversas variedades, desde sus chillidos hasta sus pequeñas notas infantiles de irritación, piripí, pipío, pío-pío; y cada tipo de ave rapaz, incluido el mochuelo, tenía un reclamo especial que lo distinguía de sus congéneres. Sin embargo, el modelo genérico se mantenía constante en todos ellos, un deje picudo de música que no venía de la garganta. Así, me di cuenta de que había rapaces alrededor en cuanto entré en el bosque de Three Parks. Hubo un chillido, y otro le respondió. De pronto, como si viniese de todo el bosque, las pequeñas voces chillaron y respondieron. Pi-pi-pi-pi-pi. Sería una familia, los padres y dos o tres niegos ya bastante crecidos pero todavía en el nido. Tuve la suficiente suerte como para ver a dos de ellas de cerca. Vinieron persiguiéndose mutuamente en un juego furioso, moviéndose rápidamente entre las ramas hasta que estuvieron casi sobre mí; entonces giraron alrededor del tronco de un árbol, enseñando su vientre listado formando dos patrones perfectamente verticales, como si estuviesen rodeando una torre del aeródromo de Hatfield, y desaparecieron entre el sombrío follaje del exuberante bosque estival.

Viernes, sábado y domingo

Había días de ataques y contraataques, una especie de avance y retroceso sobre campos de batalla en disputa. Gos había vuelto en gran parte a un estado salvaje tras dormir en el puño por primera vez. Cada día, las interminables obligaciones del hogar y la despensa requerían que Crusoe lo dejase solo, para luego volver debido a la necesidad de educarlo, y, por tanto, todo el rato había progreso y regresión. A veces se posaba en el guante después de dudar, pero con buen carácter, y otras volaba y se alejaba de mí como si hubiese ido a matarlo. Caminábamos solos durante horas cada día, y a veces Gos conversaba emitiendo sonidos amigables pero confusos, mientras que otras agitaba las alas y se debatía dos veces por minuto. En todo momento no había sino un mandamiento que tener en cuenta: paciencia. No había otra arma. Frente a cualquier revés, cualquier estupidez, cualquier fracaso, riña o golpe irritante que propinaba con las alas en la cara mientras se debatía, solo había una cosa que podía hacerse. La paciencia dejaba de ser negativa y pasaba a ser una acción positiva, dado que tenía que ser benevolencia activa: uno podía torturar al pájaro simplemente con una mirada dura e implacable.

No me extrañaba que los antiguos azoreros amaran a sus pájaros. El esfuerzo que se les dedicaba, la preocupación que causaban, los dos meses de vida humana dedicados a ellos tanto despiertos como en sueños: todas esas cosas convertían a las aves, para los hombres que las adiestraban, en una parte de sí mismos. Me asombraban las clases altas, me sorprendía el noble que permitía que otro pescara su salmón por él (pues esto hacía que el salmón fuese mucho menos suyo) y, especialmente en cuanto a la cetrería, no podía entender a aquel que tenía a un cetrero bajo su mando. ¿Qué placer obtendría al coger a ese pájaro ajeno del puño de un extraño y lanzarlo al aire? Sin embargo, para el cetrero, para el hombre que durante dos meses había creado a ese pájaro, casi como una madre que alimenta a un niño dentro de ella, pues los subconscientes del hombre y el pájaro verdaderamente se unían por un vínculo mental; para el hombre que había creado de una parte de sí vida, ¡qué placer hacerlo volar, qué terror en caso de desastre, qué triunfo en caso de éxito!

El objetivo inmediato era hacer que Gos viniera a por comida. Al final del adiestramiento debería recorrer una distancia de al menos noventa metros cuando se lo llamara, pero de momento bastaba con que no se alejara volando cuando me acercaba. Después, tenía que aprender a posarse en el puño para recibir una recompensa alimenticia (la forma de llegar al corazón de cualquier criatura era a través de la barriga; por ello habían insistido las mujeres en tener la prerrogativa de cocinar). Por último, tenía que saltar al puño con un golpe de alas, como ejercicio preliminar antes de aumentar la distancia.

Solo la paciencia podía conseguir este objetivo. Me di cuenta de que el azor tenía que estar atado a su percha con la lonja, y durante tres días me coloqué a un metro de él, con carne en la mano. Volví una y otra vez, hablándole desde fuera de la halconera, abriendo la puerta lentamente, inclinándome hacia delante con unos pies que se movían como las manecillas de un reloj.

Aquí viene (pensaba uno, al descubrirse de golpe) esa excelente pieza llamada hombre, con su capacidad para mirar al antes y al después, su habilidad para pensar sobre los enigmas de la filosofía y el rico tesoro de una educación que había costado entre dos y tres mil libras, andando de lado hacia un pájaro atado, con una mano extendida frente a sí mismo, mirando hacia otra parte y maullando como un gato.

Sin embargo, era un deleite puro y constante mantenerme absolutamente quieto durante quince minutos, o mientras uno contaba lentamente hasta mil.

Parte del deleite era que ahora, por primera vez en mi vida, era absolutamente libre. Aunque solo tuviera cien libras, no tenía amo, ni propiedad, ni grilletes. Podía comer, dormir, levantarme, quedarme o irme cuando quisiera. Era más libre que el arzobispo de Canterbury, quien sin duda tenía horarios y temporadas. Era libre como un ave rapaz.

Tenía que enseñar a Gos a reconocer su llamada. Más adelante, podría desaparecer de vista volando durante la caza, y tenía que enseñarle de forma que pudiera llamarlo de vuelta con un silbido. La mayoría de los cetreros usaban un silbato normal de metal, pero mi alma libre era demasiado poética para eso. Me pareció que Gos era demasiado hermoso como para que lo llamara con estridencia con la nota mecánica de un policía. Tenía que acudir a una melodía, y si hubiera sabido tocarla, habría comprado una flauta irlandesa; pero solo sabía silbar con la boca, y eso hice. Nuestra melodía era un himno, *El Señor es mi pastor,* la versión con la antigua métrica escocesa.

A las rapaces se les enseñaba a acudir a la llamada asociándola con comida, como al famoso perro de Pávlov. Cada vez que se las alimentaba, se silbaba, como una especie de gong que anunciaba la cena. Así que entonces, mientras me acercaba furtivamente a aquellos ojos fieros y desconfiados, la halconera reverberaba día tras día con esta dulce melodía de las tierras altas. Acabé por odiarla, pero no tanto como habría odiado cualquier otra cosa. Además, la silbaba de forma tan triste que siempre había un ligero aliciente en tratar de dar las notas correctas.

Lunes

Gos tenía en general una expresión pesimista e inquieta, una característica de la mayoría de los depredadores. Nosotros somos pugnaces debido a nuestro complejo de inferioridad. Incluso la boca irónica del lucio tiene un aire depresivo.

El día fue probablemente uno más en el adiestramiento de un azor, pero la mayoría de los azoreros tenían mejor carácter. Hacía ahora casi una semana que le había dedicado la mayoría de mi tiempo y mi pensamiento, hacía varios días que había empezado a posarse con bastante regularidad en el guante, y esa mañana lo había llevado conmigo durante cuatro horas; así que no fue gratificante que la extraordinaria criatura se debatiera para alejarse de mí en cuanto entré a las dos y cuarto. Me senté durante diez minutos a aproximadamente un metro de su percha, hablándole y silbando, sosteniendo un pedazo de hígado. Solo se debatía de forma distraída, así que fui a por él; y entonces se debatió de verdad, como si nunca me hubiese visto antes. Tuvo lugar una escena en la que al menos el amo se comportó bien, y por fin pude sentarme con él en el guante e intentar darle de comer. No quiso la comida. Ni las caricias, ni las ofrendas, ni las burlas surtieron efecto alguno. Me dije a mí mismo que entonces iríamos a pasear y ya comería a la vuelta; pero en el momento en que el hombre se levantó, con infinito cuidado, moviendo articulación a articulación, el pájaro empezó a comportarse como un lunático. Y lo era, ciertamente; quizá no de forma certificable, y normalmente tenía la apariencia de estar cuerdo, pero era víctima de una intermitente locura delirante. Durante los siguientes cinco minutos, dentro y fuera de la halconera (el tiempo se había estropeado de nuevo y soplaba un viento tempestuoso, una molestia que parecía atribuirme) reinó el caos. Chilló una vez, como solía hacerlo durante los primeros días; aquel era el grito de un loco torturado.

Entonces empecé yo también a perder la calma. La semana de trabajo incesante, el miedo que siempre había estado ahí a que enfermara (de los calambres que habían matado al gavilán niego de aquel chico, de caquexia, de vértigo o de cualquier otra enfermedad terrible y de nombre curioso de las que hablaban los libros), la culminación también de la tensión nerviosa de tres noches de guardia; fue demasiado. Probablemente mi mente insondable había tendido en primer lugar al mal humor aquel día, y sin duda, puede que eso hubiese sido la causa del estado de ánimo de Gos. Los azores leían la mente, como los setters irlandeses, y la furia era contagiosa entre corazones inconscientes. Sea como fuere, mi autocontrol empezó a desaparecer. Perdí los papeles hasta el punto en que se permitiría perderlos aquel que remotamente sueñe con autodenominarse azorero; es decir, dejé de ayudarlo a subir al guante en medio de una debatida.

Cuando el azor intenta escapar, y queda en peligro de permanecer colgando boca abajo, puedes ayudarlo a subir de nuevo al guante con un ligero giro de muñeca mientras todavía está batiendo las alas. Yo no lo hice. Con el corazón furioso, pensé: «De acuerdo, debátete, sucio desgraciado». Gos subió por las pihuelas, de peor humor que antes, pero solo para volver a debatirse. Ahora viene el pecado contra el Espíritu Santo. Después de otra media docena de debatidas, en una ráfaga casi continua, incliné la mano en contra de sus esfuerzos por trepar las pihuelas. A veces una rapaz cae y queda colgando pasivamente, con la cabeza ladeada observando el suelo mientras gira en círculos lentamente, y entonces es razonable dejarla así por un momento, mientras recuperas fuerzas, desenrollas la lonja o las pihuelas, y le das tiempo para calmarse. Este no fue el caso. Gos trataba de volverse a colocar, y era capaz de hacerlo, cuando frustré sus planes definitivamente retorciendo las tiras de cuero con la mano. Nuestros dos mundos eran bastante oscuros.

En un segundo terminó el ataque. Gos, con la boca abierta y la lengua fuera, jadeaba de asombro y me miraba fijamente de forma febril, y yo, con la misma fiebre (exacerbada por un sentimiento de culpa, ya que había estado en peligro de deshacer todo mi trabajo en un momento, por el loco impulso de tirar piedras sobre mi propio tejado), me quedé mudo de asombro también, invadido por la mayoría de los pecados mortales.

Bueno, pensé, mejor que te quedes en el arco del jardín mientras me repongo; claramente, hoy no podemos estar en mutua compañía.

Un arco era idéntico al arma que ganó la batalla de Agincourt, tanto que era imposible que el primero no se hubiese desarrollado de la segunda. Alguien con gusto por la arquería además de por la cetrería tuvo que haber clavado su arco en el suelo para que se posara su rapaz.

Lo llevé a la percha, mientras montaba un furioso escándalo, y volví a la halconera con una sierra, para hacer una modificación en la percha portátil para interiores que había colocado de forma que sus aposentos se pudiesen llevar a la cocina cuando lo estuviera manteniendo de guardia. Esta percha, que había construido de forma espontánea, estaba hecha a partir de una caja de té. Era tal que así:

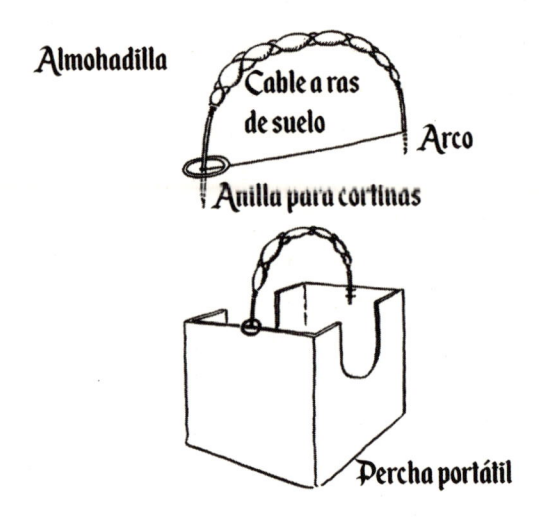

Almohadilla
Cable a ras de suelo
Arco
Anilla para cortinas
Percha portátil

Había cortado dos de los lados, de forma que si el azor estaba sentado en la percha las plumas caudales no tuvieran problemas con estos. Los otros dos estaban demasiado separados para interferir. Había una piedra pesada en medio para prevenir la posibilidad de que volcase cuando empezara a debatirse. Probablemente fuese una percha ineficiente, pero era portátil y la había inventado yo. Otro mérito era que era muy adecuada para aquellos que tuviesen cajas de té.

Para cuando hube terminado las modificaciones ya había recobrado el gobierno oficial de mi alma y podía pensar con claridad de nuevo. Estaba contento porque había inventado una buena percha. Sentí que podía presentarme frente a Gos otra vez, y volví junto a él sobre el césped de buen humor, ya que me esperaba el Paraíso. Había recobrado mi hombría, mi naturaleza ecuánime, mi actitud afable y filantrópica hacia los ineficientes productos de la evolución que me rodeaban; Gos no.

Se debatió cuando llegué y mientras lo recogía; se debatió durante todo el camino de vuelta a la halconera; se debatió en esta, hasta que le metí un riñón ensangrentado en la boca mientras la abría para maldecir. En veinte minutos, sin pausa, se había comido un hígado entero de conejo y una pata, vorazmente, como si hubiese querido comer durante todo este tiempo, junto con dos o tres pequeños trozos de mis dedos índice y pulgar, con los que había manipulado los jirones rojos y grasientos para que pudiera consumirlos más fácilmente. Bien, me alegraba este triunfo de la paciencia, y equivocadamente pensé que a Gos también. Tenía el pico decorado con pequeños pedacitos de pelaje y cartílago, y era mi tarea retirarlos. Levanté la mano para hacerlo, como lo había hecho sin protesta varias veces desde el miércoles. Se debatió. Lo intenté de nuevo, con cuidado. Se debatió. Una vez más, cautelosamente. Una debatida, peor que las anteriores. Me levanté. Intentó volar hacia su percha, fuera de su alcance. Levanté la mano. Apretó las plumas, hizo sobresalir el buche, dilató los ojos, abrió el pico, resolló un aliento cálido y maloliente, y se debatió. Me calenté y me moví demasiado rápido; al momento hubo una refriega.

En esta ocasión fui imprudente, aunque no hice nada deshonroso para la humanidad. En el fragor de la batalla con las alas, con las que me golpeaba la nariz y me tiraba los cigarrillos de la boca, y que me hacían temer todo el rato que se le rompiesen plumas, me repetía una y otra vez una frase de uno de mis libros: «Nunca debe molestarse a una rapaz después de comer». No obstante, también me veía obligado a pensar que tenía que limpiarle el pico, imponer mi autoridad, no cesar en mi perseverancia, no fuese que después la tomara por debilidad. Temía ceder y que el azor retrocediese en su adiestramiento.

Cinco minutos más tarde, tenía el pico limpio, pero Gos estaba tan furioso que se le salían los ojos de las órbitas. Era una bestia colérica. Cuando se ponía así, era posible calmarlo deslizando la mano sin el guante sobre el buche, el pecho y bajo la barriga. Entonces, con cuatro dedos entre sus patas, podía sostener el corazón palpitante que parecía llenar la totalidad del cuerpo. Hice eso entonces, y durante dos o tres minutos Gos se dejó caer exhausto sobre la mano; después, tras cerrar el pico, girar la cabeza súbitamente, recoger las alas, mover y acomodar las plumas, y colocarse más cómodamente sobre el puño, la inexplicable criatura empezó a irradiar felicidad. Guiñó un ojo como si nada de esto hubiese pasado y pasó el resto del día derrochando una primaveral confianza.

Capítulo II

Martes

Cuando sumergimos la cola del azor en agua hirviendo y fuimos capaces de observarla mejor, descubrimos un hecho doloroso. Gos tenía una banda de estrés. Si a un niego en crecimiento se le priva de la comida necesaria durante uno o dos días, las plumas desarrollan una sección débil durante ese tiempo. Podría recuperar fuerzas, y las plumas podrían continuar alargándose, sanas y fuertes; pero siempre, hasta la muda del año siguiente, la pluma completamente desarrollada estaría atravesada por un tajo semicircular que revelaba la sección débil.

No es que tuviese importancia desde el punto de vista de las apariencias, pero tenía las plumas débiles a lo largo de la banda de estrés, y probablemente se romperían por ella una a una. En el caso de Gos, ya faltaban dos, una de ellas ya de antes de que llegara a casa.

Un pájaro con plumas dañadas es lo mismo que un aeroplano con una estructura defectuosa: a medida que más y más plumas se rompen, el pájaro es cada vez más incapaz de volar de forma eficiente. Y, dado que las plumas descansaban una sobre otra, tan pronto como se rompía una la siguiente estaba en riesgo. Por este motivo, las plumas rotas tenían que repararse mediante un proceso conocido como «injertar». La mayoría de la gente a la que han obligado a leer a Shakespeare para examinarse conocerán la palabra. «Injertad en nuestras imperfecciones vuestras ideas» o «injertar una pluma en el ala rota de nuestro país marchito».

La parte de la pluma que seguía en el ave se recortaba; se seleccionaba de una reserva de la muda del año anterior una parte de una pluma que correspondiese con la faltante; se sumergía una aguja de injerto, afilada por ambos extremos y de sección triangular, en pegamento o salmuera; y, por último, se unían ambas partes.

Gos tenía una banda de estrés, una visible amenaza de que tarde o temprano tendría que practicársele al pájaro vivo el arte del injerto. El efecto de esta imperfección fue que me asustara provocarle otra mientras las plumas seguían creciendo (ninguna, salvo las dos cobertoras de la cola, estaba ya en sangre); y el resultado de este miedo fue que mi objetivo principal consistiera en atiborrarlo de comida. No me percaté de ello durante varios días, pero quizá lo estaba alimentando demasiado bien. Los problemas que surgieron durante las semanas previa y posterior se debieron al hecho de que, ignorante de su capacidad normal, había provocado en el irritable

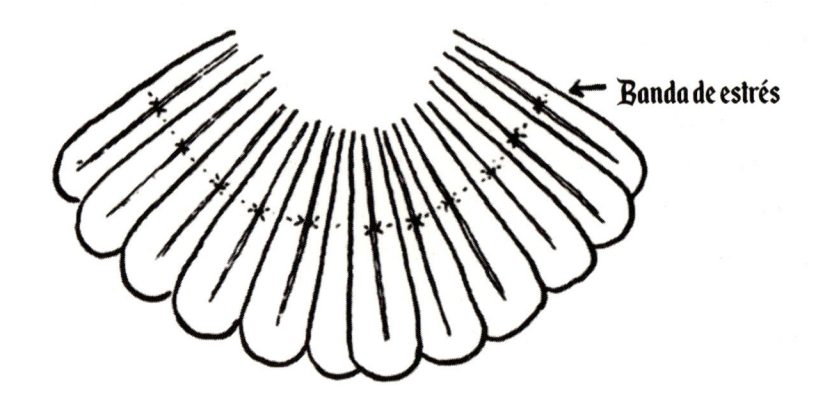

← **Banda de estrés**

principillo un estado de repleción aguda que había afectado al hígado. Yo, por mi parte, trataba de enseñarle a volar uno o dos metros hacia mí sosteniendo un pedazo de carne, y él, por la suya, de algo estaba seguro: aborrecía su mera visión.

Al principio, no se me ocurrió sino continuar con el tratamiento antiguo. Daba vueltas con él, sosteniendo una pata de conejo, mientras se debatía cada vez que se la acercaba demasiado; y después me iba sin haberlo alimentado. Los libros no decían nada sobre ello. Poco a poco, se hizo más evidente que algo iba mal. Defecaba con pesadez y esfuerzo, sin esparcir las heces con un chorro orgulloso como lo había hecho habitualmente frente a mí, y estas eran de un color verde brillante. Me pregunté inocentemente si quizá habría ingerido algo de bilis con el hígado la noche anterior. ¿Causaba su humor la bilis o la bilis el humor? Los libros no decían nada acerca de heces esmeralda, así que no podía hacer nada. De todas formas, Gos no había comido en todo el día y estaba en un estado de nervios terrible. Decidí irme a la cama, levantarme a la una de la madrugada y pasar la noche con él; me daba al menos la sensación de estar haciendo algo concreto. «Comerá cuando salte al puño a por la comida, no antes», escribí con esperanza en el dietario. «El hambre es la única cura para los problemas de estómago; no obstante, quizá debería darle mañana algo de huevo».

«Comerá cuando salte al puño a por la comida, no antes». Si tan solo me hubiese guiado por ese sensato enunciado habría acortado su adiestramiento tres semanas. Pero mi mente era la de un lento aventurero que palpaba su camino solo en la oscuridad; la de un aficionado, cuatrocientos años tarde para recibir ayuda; la de un novicio en tan curiosos menesteres, aterrorizado por la banda de estrés y la necesidad cierta de tener que injertar.

Pluma rota por la banda de estrés

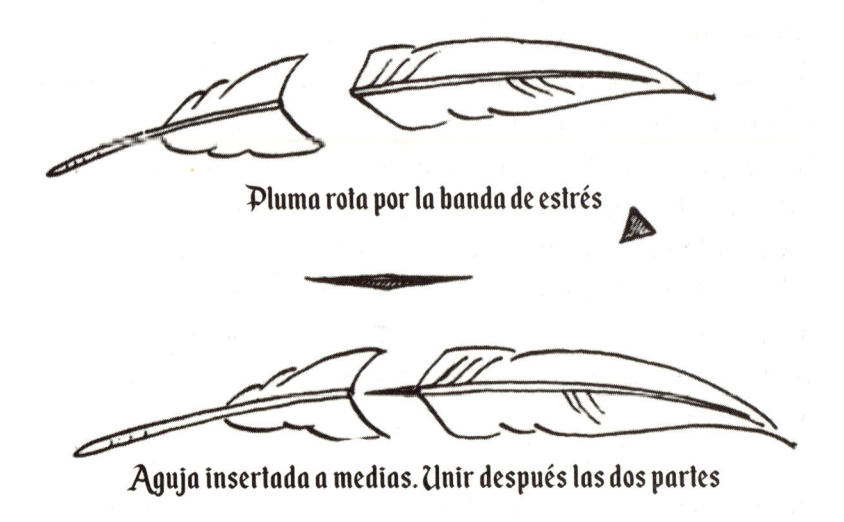

Aguja insertada a medias. Unir después las dos partes

Miércoles

Así pues, pasamos la noche en vela de nuevo, en silencio, rodeados por los quehaceres nocturnos del mundo. Gos estaba demasiado cansado, a la una y media, como para debatirse cuando entré. Saltó obedientemente al puño y lo llevé fuera, bajo la brillante luz de la luna, sobre cuya pálida y llena faz se desplazaban rápidamente estratocúmulos propulsados por un viento del noroeste. El Carro estaba escondido detrás de un banco de nubes, pero Casiopea presidía fielmente la Estrella Polar, y podían verse algunos destellos de la Osa Menor colgada de su cola. Los fantasmas de la solitaria carretera a Selston, Adams y Tyrell, se volvieron tímidos bajo la luz de la luna y no nos molestaron. Brownie, mi setter irlandesa, una sombra azul oscura, hizo debatirse a Gos al salir corriendo a través del mundo silencioso en busca de conejos. Evans, en la casa grande venida a menos, dormía en una paz galesa, soñando quizá con Owen Glendower.* Chub Wheeler junto al lago conocido como el Foso Negro se hallaba en un sueño profundo, guardado por perros de sueño profundo. La luna se reflejaba calma sobre el agua agitada. Una motocicleta nocturna, probablemente la de algún cazador furtivo decidido a llevar a cabo alguna misión ilegal a kilómetros de distancia, murmulló en el silencio justo cuando paró la brisa. De pie sobre la hierba densa, con la noche tranquila haciendo que mi corazón latiese lentamente, expulsé cuidadosamente una ventosidad: los cuernos de la tierra de los elfos que sonaban débilmente.

Cuando volvimos dentro, a la luz del quinqué, Gos empezó a debatirse. Las patas, que fuera habían estado frías, se calentaron de nuevo, y la mano que acariciaba las suaves plumas de su pecho las encontró cálidas y húmedas. Volvió a defecar con esfuerzo sobre el embaldosado unas heces de color verde; ¿sería un cálculo? Me senté en el sillón, sosteniéndolo en la mano izquierda mientras hacía ruiditos y piaba, a la vez que escribía sobre la rodilla con la derecha. Cada vez que se debatía, me daba con las alas en la cabeza. Se escuchaba el tictac del reloj de pulsera que llevaba en la muñeca derecha. La piada, el tictac y el rasgar de la pluma en la soledad crepitante se deslizaban como cucarachas sobre el tambor del silencio, mientras bajando por mi columna vertebral la vida zumbaba profundamente como una marea; bramaba en grandes olas en rompientes lejanas o, como una dinamo enterrada, expresaba su poder con un zumbido, gastaba su fuerza constante y lentamente perdía eficiencia debido a las roturas y el desgaste, para un día agotarse.

* También conocido como Owain Glyndŵr y Owain IV de Gales. Fue el último galés nativo que ostentó el título de Príncipe de Gales. Instigó una revuelta para poner fin al dominio inglés en Gales, en última instancia fallida. Aparece como personaje en *Enrique IV* de Shakespeare. *(N. del E.)*

Al amanecer salimos al rocío, para brindar con un vaso de cerveza al sol. Su divina majestad Mitra, ya sin adoradores, se alzó con el viento de la mañana y tintó la parte inferior de nubes de color gris paloma de otros tonos aviares. Un búho, camino a acostarse, se despidió con un grito, e hizo que Gos mirase hacia arriba en busca de su primo. La primera torcaz empezó con su consejo atemporal, cuyo canto es interpretado desde antiguo en Gales como una incitación al robo del ganado del vecino, y una vaca resopló con fuerza.

Apareció entonces otro color en el extraordinario dibujo. El tenso equilibrio y la manía serena de la satisfecha soledad acababan teniendo sed, por así decirlo, de compañía humana después de una o dos semanas. Entonces, nada era suficiente salvo la celebración de la bebida; no las horas vespertinas con la sutil filosofía de la malvasía o el madeira, sino la jarana de la cerveza bebida a grandes tragos rodeado de locuaces camaraderías, el ruido, el tintineo, las manchas circulares, el golpe seco de los dardos y las caras sonrientes. Durante largo tiempo no había sido lo que podría llamarse un hombre abstemio.

Esta necesidad empezaba a correr de forma insospechada por mis venas ahora junto a Gos. Para él, su necesidad era un largo paseo en el puño, como siempre. La principal arma en el adiestramiento de una rapaz de bajo vuelo era el acarreo continuo. Para el acarreador, no obstante, el problema era el destino; después de caminar todo el día, uno se preguntaba: «¿Dónde deberíamos ir ahora?». Mucho antes de las seis habíamos llegado al límite del condado.

Timmy Stokes, el peón caminero del condado de Buckingham, había cortado la hierba justo hasta el final del territorio que le correspondía a su ronda. El césped estaba corto y arreglado, y las zanjas habían sido cuidadosamente despejadas. Northampton estaba descuidado y salvaje, algo que provocaba orgullo local. Allí, de pie, con la felicidad matinal, el cielo azafranado al este y la luna todavía de color amarillo limón al suroeste, junto a un campo en el que ya había empezado la cosecha, uno veía con el ojo de la mente las líneas imaginarias que recorrían toda Inglaterra. Los caminos macadamizados que llegaban hasta hilos invisibles donde se tornaban de piedra, las zanjas que súbitamente pasaban de cuidadas a descuidadas, las parroquias, los territorios y los hitos de los vecinos; todo dormía entonces en paz, todo ese precioso logro de la planificación y la cooperación entre nuestros padres, también en paz, convertidos en polvo. La reina de los prados que llevaba en el ojal difundía de forma penetrante su aroma al viento temprano.

Mientras caminaba de vuelta a casa por la noche, todo se había vuelto indistinguible: el *pub* a ocho kilómetros de distancia al que había llegado mucho antes de que nadie se despertase; el azor sumiso que comía sin problemas, incluso en el salón principal rodeado de hombres curiosos; la ansiedad y el escándalo al toparse con tráfico por primera vez; las heces de aspecto más sano; la cerveza lenta que se expandía por la garganta; la gente afectuosa; el cuerpo rígido que intentaba enderezar su indirecto rumbo; la reina de los prados marchita; y la luna roja que se alzaba perceptiblemente, la misma que había visto desaparecer amarilla al amanecer.

Jueves y viernes

Había curado al pájaro de su repleción mediante el ayuno en el que él mismo había insistido, y nuestra larga guardia y aún más larga caminata nos habían devuelto una relación amistosa como la existente tras la primera noche en vela. Procedí entonces, inocentemente, a atiborrarlo de nuevo, haciéndole comer mucho más de lo que hubiese bastado para alimentar a un gerifalte, a la vez que continuaba con mis esfuerzos para que saltase al puño a por comida. Cada vez que se posaba siquiera en el guante lo alimentaba, temeroso todavía de la banda de estrés.

Estos dos días se caracterizaron por la caza más que por pasear con el azor. Dado que se me había metido en la cabeza que no comía tanto como parecía necesario porque estaba cansado de los conejos, le compraba filetes de ternera al carnicero y pasaba las tardes generalmente lluviosas o de fuerte viento tratando de cazar una paloma para él.

El día, como todos los de un azorero, empezaba a las seis en punto. Acababa de escribir aproximadamente a las once de la noche. Entretanto, paseaba el azor durante aproximadamente seis horas y lo alimentaba tres o cuatro veces. Además de esto, estaban las tareas del hogar y la agradable ocupación de fabricarle pihuelas de repuesto o algún otro aparejo. Por las tardes tenía que cazar, y para el viernes había desistido de intentar cazar una paloma y maté una perdiz roja, fuera de temporada. Gos, mientras paseaba conmigo, empezó a fijarse en objetos externos más que en mí, y a debatirse para alejarse de ellos en vez de de mi persona. La perdiz ilegal fue un gran éxito: se comió la mitad de la cena, abalanzándose con avidez y con las garras firmemente aferradas al guante.

Sábado

Me levanté a las seis como de costumbre, y por razones confusas decidí prepararme mi propio desayuno antes que el del azor. Tenía demasiado sueño como para saber claramente qué estaba haciendo (hacía planes antes de dormirme y los rompía al despertarme), pero había alguna clase de idea subyacente. Cinco eran aproximadamente los grandes hitos en la cetrería: el momento en que la rapaz comía por vez primera, cuando se rendía a su amo después de la guardia, cuando volaba al puño, cuando volaba al cetrero desde una distancia de noventa metros y cuando mataba su primera presa. He dejado de lado el momento en el que puede decirse que se ha acostumbrado a los ruidos fuertes, el bullicio y el tráfico; era difícil precisar cuándo ocurría, de forma que la lista puede resultar válida. Al amanecer, pues, nos encontrábamos todavía a las puertas del tercer paso: había intentado durante días que volase por una recompensa, sin éxito. Sabía que aún quedaba la mitad de la perdiz, que le gustaba sobremanera, de modo que el ansia y el hambre podrían ayudarme en la batalla; y pospuse por tanto su desayuno hasta después del mío, para incrementar el hambre.

A las siete y media salí a la halconera, dije algunas palabras al abrir la puerta de la del casa guardabosque muerto, y me enfrenté a la insondable rapaz. Gos me observaba como una esfinge. Enseñé la perdiz.

Al parecer, las perdices no eran atractivas. Intentando alabar mi propia mercancía de forma bastante patética, giré el pájaro muerto en varias direcciones para que lo viese bien, ericé sus plumas como uno de esos indios ambulantes que trata de vender una alfombra y arranqué algunas como si fuese yo el que pretendía comerse ese horrendo bocado. Nunca dejaba de preguntarme si yo era el amo. Gos me miraba con tolerante desprecio. Él no tenía dudas de quién era el esclavo, ese ser ridículo y servil que se quedaba de pie y esperaba. Por su parte, tenía todo el día libre.

Miré el reloj y me quedé quieto durante quince minutos, mientras decía: «Le doy un cuarto de hora». Esto suponía quedarme inmóvil junto al pájaro, a un metro de distancia aproximadamente, inclinado hacia delante como un mayordomo y con la mirada distante de un criado puesta en el exterior. Incluso para mirar el reloj, bajaba simplemente la mirada sin levantar la muñeca. El pájaro mutilado yacía en el guante, a nivel con el campo visual del azor, bajo la luz del sol matinal. La lonja era de más de un metro de largo. Las agujas del reloj seguían su curso.

Empecé a suspirar, a enderezarme y a bajar el guante. El tiempo había terminado y empecé a marcharme. Empecé. Los impulsos para todos estos movimientos ya iban a mitad de camino por los nervios, portando los mensajes de moción al hombro y la rodilla y de vuelta; pero, antes de que se produjese ningún cambio, en el momento entre la salida y la llegada de los mensajeros, las grandes alas pardas se habían despegado rápidamente, los muslos asesinos se habían doblado y liberado para el salto, y Gos estaba posado en mi hombro.

¡Qué exultación! ¡Qué corazón tan repleto de gratitud y triunfo (tras el primer intento, aterrorizado, de esquivar al pájaro) cuando la monstruosa rapaz descendió lentamente por el brazo con pasos firmes y atacó su desayuno! El resto del día fue una neblina de placer, una suerte de bodegón en el que el sol brillaba sobre las flores con una luz más que natural, confiriéndoles tintes de porcelana.

Domingo

Había momentos en los que todo parecía ponerse de acuerdo para resultar agradable. El sábado hasta salió el sol para honrar nuestra fiesta; y verdaderamente lo fue, ya que la señora Osborne nos había invitado a almorzar. Tumbado boca arriba bajo un roble por la tarde, esperaba a que aparecieran palomas para recompensar a Gos. No obstante, hacía un día tan caluroso y soleado, el pollo y la crema me habían sentado tan bien, la luz resplandecía entre las hojas con tal titileo y la sombra en el costado me resultaba tan agradable que se me hizo imposible encontrar molesta la precaución de estas aves. Qué raza tan pacífica y prudente eran, sin ser depredadoras pero sin ser cobardes. De todos los pájaros, pensé, ellas han de ser las mejores ciudadanas, las más acordes a los principios de la Liga de las Naciones. No eran histéricas, pero sabían escapar del peligro. Sustituían el pánico como impulso para ponerse a salvo por previsión, astucia y ecuanimidad. Eran madres admirables y amantes cariñosas. Eran difíciles de matar. Era como si poseyesen una comprensión total sobre la perversidad primaria del mundo y una circunspección absoluta para oponerse a su propia sabiduría que les instaba a evitarla. Cuáqueras grises que incesantemente iban en caravanas de carretas cubiertas, a través de desiertos de salvajes y caníbales, se amaban mutuamente y huían con prudencia.

Mientras tanto, seguía con la ardua labor de adiestrar a Gos con una mano y deshacer el adiestramiento con la otra. Tan pronto como volaba desde uno o dos metros al guante tenía que llenarle el buche como recompensa; parecía razonable premiar sus progresos. El pájaro saciado, por supuesto, se negaría entonces a volar en la siguiente visita, porque no tenía hambre y nada lo inducía a ello. Confuso y ansioso, salía al campo a por picadas: algo con plumas en vez de pelo, un poco más de hígado, filete tierno de ternera, lo que fuese para hacerlo venir. Tendría que haberlo mantenido con hambre.

Lunes

Lo que todo esto significaba para Gos era algo en lo que el educador rara vez pensaba. Debió ser, durante ya casi quince días, un asalto continuo a sus centros nerviosos. Para mí era una especie de maratón, pero una en la que conocía la meta y sabía bastante poco de cómo llegar hasta allí. Para él todo era antinatural y desconocido. Me hallaba sentado en un campo de heno, escribiendo sobre la rodilla con una mano; Gos, en la otra, se encontraba rodeado de máquinas terribles con dientes y ruedas que parecían ojos enloquecidos, golpeado por el trueno de los tractores, aterrorizado por hombres extraños. ¡Hombres extraños! Yo era un extraño, las máquinas eran extrañas y la vida misma, la alimentación y el sueño en cautividad eran absurdamente extrañas para el heredero de libres águilas alemanas que ahora piaba como una alondra en el puño. Durante dos semanas se había encontrado sumido en un nervioso pandemonio. ¿Acaso lo estaba exponiendo a cosas nuevas demasiado rápido?

Sin embargo, en ocasiones resultaba difícil creer que no estaba simplemente siendo malo. «Riñe y golpea a tu nene si estornuda; solo lo hace porque sabe que molesta, sin duda». Desafortunadamente, el remedio de la duquesa no le servía al azorero.

Durante dos semanas había comido exclusivamente en el puño, había estado posado allí durante innumerables paseos y había ido hacia él bastante rápido por voluntad propia. Pero, si estaba de mal humor, se debatía aún para alejarse de mí como si nunca me hubiese visto. ¿Tan condenadamente estúpido era? A menudo pensaba que sufría de manía persecutoria y deseaba retorcerle el pescuezo.

Mientras tanto, la cosecha de los seres humanos seguía su curso. En condiciones adversas y durante el peor verano que muchos recordaban, la hierba exuberante se inclinaba, dejando un rastro blanquecino que recordaba a otras cosechas mejores. No conseguía que mis amigos entendieran que yo también estaba trabajando. No podía perder tiempo en ayudarlos con su problema, ni siquiera en uno de los dos o tres días con buen tiempo que había en varios meses. Dejar de acarrear a Gos era dejarlo retroceder en su adiestramiento como un rayo. Todos querían estar en los campos, ayudando aunque fuese ligeramente a poner a buen recaudo la espontánea producción de la tierra, y veía la mirada decepcionada en los ojos del granjero. Cualquier evasión de la responsabilidad de la tierra se consideraba traición. El heno se echaba a perder y se amontonaba húmedo para hacer forraje; los hombres se cortaban las manos y dejaban de trabajar en momentos críticos; pero el azorero, sentado en un tocón con ademán arisco, escribía con una mano con Gos posado en la otra, debatiéndose para huir de los tractores.

Martes

Om, mani, padme, hum. Había mil quinientos millones de personas en el mundo, y todas ellas, entre las que me incluía, no habrían servido de alimento durante un año para una sola generación de todos los peces del mar. De todas las criaturas con plumas que la naturaleza, en su plétora de especies, había criado para cantar y cazar sobre los campos de Inglaterra, las praderas de América, las tundras cálidas y grises, las estepas, las pampas, los bosques, los sotos, las ciénagas, las junglas, los llanos deltas, las cadenas montañosas y los páramos abandonados al sol, Gos era una, como yo era una de las otras; tan insignificantes como para ser significativos, tan transitorios como para ser eternos, tan finitos como para ser infinitos y parte del devenir. ¿Por qué íbamos a sentir miedo o impaciencia, siendo tan grandes y pequeños? Despierta, Gos, le suplicaba en silencio, gorjea y arréglate las plumas con el pico; reposa en calma, azorero, en el puño de Dios como Gos lo hace en el tuyo.

Nos encontrábamos en un campo, el objeto de curiosidad de diez jóvenes bueyes que nos rodeaban, un interesado semicírculo o clase de pueblo, mientras lamían humildemente la boca de la escopeta (algo debía resultar sabroso en la pólvora, así que retiré los cartuchos por seguridad), mis bolsillos, pantalones o botas. Uno de ellos, obviamente el menos avispado, tenía una paja en la boca, la personificación de la ignorancia rústica. Al final, el ruano atrevido, de hocico frío, húmedo y sin babas y lengua áspera, me lamió la mano izquierda; la cual ofrecí tranquilo y dejé quieta, como una vez lo hice en un pueblo de montaña en Italia hace mucho tiempo, mientras los niños pequeños, humildes y mugrientos corrían a sostener los nudillos del forastero en sus fríos puños, para dar un beso supersticioso.

Sin duda los bueyes consideraron que daba buena suerte, como encontrar un trébol de cuatro hojas.

Martes, miércoles, jueves, viernes y sábado

Uno de los resultados de este universo atemporal, en el que a veces la noche era el día y a veces no había ni día ni noche sino tan solo el deseo de dormir, era que el tiempo mismo se volvía ilusorio. Uno permanecía quieto durante quince minutos de reloj, pero no parecía ni poco ni mucho tiempo; se convertía simplemente en un rato. La concentración de mejoras imperceptibles se volvía tan profunda y fascinante que cada día se convertía en una era, perdido ya todo contacto con el calendario. Finalmente, confuso por la cronología en general, se me metió en la cabeza que el azor había estado en la halconera durante tres semanas, cuando el tiempo real era de quince días.

Al creer que lo había adiestrado durante tres semanas, empecé a asustarme de no estar progresando lo suficiente; entré en pánico y me decidí a tomar medidas drásticas para avanzar. ¡Los puzles que constantemente requerían solución, la forma en que uno se veía obligado a inventar soluciones a problemas contingentes, el naufragio que las amenazaba y la necesidad de volver al principio y empezar de cero cuando las cosas salían mal!

Gos ni avanzaba ni retrocedía, y parecía que hubiesen transcurrido más de tres semanas. Pasaba, canturreando pero desconfiado, de la percha a la comida en el puño; pero no era seguro que volase de uno a otro. Cuando conseguía cazar una paloma para él, la devoraba; pero el hecho de que la sujetase frente a él, marchándome si no saltaba hacia ella, simplemente tendía a ponerlo de mal humor. En el momento en el que se hacía con ella la agarraba y me la arrebataba de forma peligrosa para mi integridad física. Tenía que hacer algo.

Lo que se me ocurrió fue lo siguiente. De noche, me atreví a dejarlo suelto en la halconera, sin lonja y con las pihuelas sin atar entre sí, y lavé unas tiras de filete de ternera.*

---

* A una rapaz se la podía llevar al estado deseado de hambrienta sumisión y entusiasmo por cazar alimentándola una o dos veces con un filete de ternera que hubiese estado veinticuatro horas en remojo y sido escurrido después. Esto mantenía su delicado estómago en funcionamiento pero, dado que lo mejor había sido eliminado, permanecía hambrienta. A esta se la llamaba carne limpia.

Al día siguiente, pretendía darle una a las seis, si bajaba de las vigas a por ella, un poco de algo más nutritivo y sabroso (un ala de paloma) a las siete, ternera a las ocho, ala de paloma a las nueve, y así sucesivamente. Cada vez sería una visita distinta, y se vería pues obligado a bajar de las vigas si quería alimentarse. Era un plan admirable, y habría funcionado si hubiera poseído la experiencia, el valor y la paciencia para llevarlo a cabo. Principalmente se necesitaba experiencia, la cual me habría hecho saber que era en verdad seguro mantenerlo sin comer durante varios días si fuese necesario, sin que se me viniera a la cabeza esa escena final común a todos los cuidadores de animales salvajes: encontrarse al canario muerto en la jaula.

Y de qué paciencia agónica, de qué benevolencia amenazadora y cuasidivina había dispuesto. Lo atestiguaba, tras la enésima debatida del día sobre un brazo destrozado por mantener la firmeza en ángulo recto bajo el peso del pájaro, el simple hecho de devolverlo con un tironcito al guante, hablarle con cariño con ese pequeño ruidito que parecía ser lo que más le agradaba que le dijera, sonreír al vacío sin mirarlo, tranquilizarlo, cuando lo que anhelaba hacer era golpearlo; con un súbito flujo de sangre a las sienes aporrear, hacer pedazos, desmembrar, torcer, retorcer, desplumar, lanzar en todas direcciones, apalear, vapulear, tironear y pisotear, castigar sin piedad, y destruir, terminar finalmente con el imbécil, estúpido, lunático, incorregible, indecible e insoportable de Gos.

Si pudiera explicar adecuadamente aquellas guardias tempranas, la incertidumbre que me provocaba mi inexperiencia, la fascinación y el triunfo que surgían de mi paciencia; las interminables modulaciones de una voz que no cesaba de transmitir calma. La mía era una buena voz, pero no para cantar. La imagen, durante semanas, había sido la de un monomaníaco bastante cansado (una noche eran cinco horas de sueño, otra, seis), quieto, de pie, sobre el suelo de ladrillo del granero, un suelo manchado alrededor de la percha por líneas blancas de heces, de forma que parecía un reloj de sol. En una esquina había una pila de jarras vacías, en otra el horno oxidado y en desuso. En todo momento se tenía que atender a las tareas del hogar y a la necesidad de conseguir comida. Mientras reflexionaba sobre los últimos problemas, el lunático recitaba a Shakespeare: *Hamlet, Macbeth, Ricardo II, Otelo, La tempestad,* los *Sonetos*. Suponía que sus frases calmarían y pondrían de buen humor al azor. El hombre era ahora el moro de la obra del poeta. «Esperad, unas palabras antes de marcharos»; servicios prestó, tal vez no pocos, al Estado, y bien lo sabe. Pero basta de eso.[*]

Pero la voz no podía reflejar la tragedia. Calmaos. Se debía estar callado, ser paciente, ser prudente. No era un negro en realidad, sino una roca, algo seguro, un refugio invariable para criaturas aladas. Tenían que confiar en él. Incluso siendo Macbeth, incluso meditando sobre esas instrucciones sangrientas que, una vez impartidas, volvían para atormentar a su inventor, la voz era dulce y protectora. El asesinato más vil tenía el tono tan solo de una pena universal. «Además, este Duncan»,[†] continuaba modulando la voz sin fin, mientras con la mano sostenía un conejo muerto.

O se trataba de una canción desafinada a la luz de las velas a las cuatro de la mañana, con la voz vagando entre tono y tono en el frío granero, mientras el cerebro se preguntaba si el azor había mostrado preferencia por Gilbert y Sullivan

---

[*] Aquí el autor cita las palabras de Otelo justo antes de suicidarse; *Otelo: el moro de Venecia,* acto V, escena II. *(N. del E.)*
[†] *Macbeth,* acto I, escena VII. *(N. del E.)*

o por la ópera italiana. En general, parecía que lo que más le gustaba era Shakespeare.

Otra imagen había sido la del hombre, al que generalmente no le atraía la carne cruda, que debía ponerse junto a la celosía de rombos de la ventana y resueltamente sacarle las entrañas a un pato al que acababa de disparar por la espalda de forma bastante torpe, con una mano desnuda y hedionda, mientras el azor le lanzaba trozos de asaduras y plumas a la cara con una sacudida de cabeza, frente a lo cual no podía inmutarse para no asustar al pájaro.

La última imagen nos lo mostraría con el cartero, un hombre parlanchín y encantador que guardaba muchos recuerdos del difunto duque. Conversaron durante varios minutos. Los comentarios sobre el duque se sucedieron uno tras otro: cómo solía quitarse la chaqueta para ayudar a serrar (el director del colegio que antaño fue la mansión ducal, dijo, no lo hacía) o dónde estaban sus fábricas de ladrillos. El cartero sonreía y reía, como también lo hacía el azorero, a la espera de poder marcharse con sus cartas; no obstante, continuamente inquietaba al cartero de forma considerable graznando entre dientes, una acción refleja que ahora se desarrollaba con paciencia de forma subconsciente.

«Epílogo para el plan de mañana», escribí diligentemente en el dietario, tan pronto como hube soltado el azor en la halconera, «si Gos no se acerca al principio debo probar a quedarme con él hasta que lo haga. La idea de quedarme quince minutos cada hora no ha funcionado muy bien. Así que mejor que termine mi desayuno temprano, tome pluma, papel y libros, y le dedique el día. Puedo sentarme en el horno».

Naturalmente, nada de esto ocurrió. Fue desde el principio un fracaso sin paliativos. El letal pájaro se pasó todo el miércoles en las vigas, negándose a bajar. Conseguí vencer el miedo a que se muriese de hambre de forma inminente durante ese día y la mayor parte del jueves, mientras probaba con toda suerte de lisonjas a ver si lo persuadía para acercarse voluntariamente. Me quedé de pie quieto durante una hora entera, sosteniendo dos alas de paloma con un trozo de carne lavado entre ellas. Probé a estar en silencio en vez de exhortarlo, sin moverme ni un ápice durante veinte minutos con los ojos entrecerrados. Gos se limitó a erizar sus plumas en perfecta paz, se puso a una pata y se fue a dormir. Hacía ya treinta y seis horas desde que el maldito señor feudal había comido por última vez, pero tan solo permanecía allí posado con aire irónico y se iba a dormir. Era demasiado. El jueves por la mañana le dirigí de pronto una mirada malévola y salí de la halconera, temblando de indignación. Podría haberle tirado el saco de la carne a la cabeza.

Hacia la tarde ya había cogido una escalera de mano y lo había perseguido de viga en viga hasta que una de las pihuelas que colgaban estuvo lo suficientemente cerca como para agarrarla. Lo había atado de mal humor a la percha. Lo que me había propuesto hacer era someterlo mediante el hambre, pero lo que había pasado al final era que yo me había sometido por miedo a que pasase justamente eso.

Gos parecía ahora tan salvaje como cuando lo saqué por primera vez del cesto, y al final pensé que no había nada que hacer salvo volver a hacer guardia con él durante tres noches. No era necesario, pero al menos me daba la sensación de que hacía algo; un sentimiento necesario al ver a un azor considerablemente salvaje después de dos semanas de trabajo.

Así que la segunda guardia empezó y terminó. Fue igual que la primera. Sus detalles resonaban en los oídos, detalles de una familiaridad creciente con un niego paralizado por la furia y el exceso de comida. Traté de dormir en una cama plegable en la halconera durante una hora cada cierto tiempo, pero dormir con un brazo extendido de lado apoyado sobre una caja de té, con el azor sobre ella, se volvía demasiado doloroso al poco rato. Era un duermevela, intermitente y lleno de sobresaltos. El cetrero que hacía guardia solo tendía a ponerse de mal humor y le resultaba difícil recordar que las debatidas casi constantes se debían al miedo y no a la obstinación. El asqueroso, atrabiliario y bravucón principillo pasaba tanto tiempo boca abajo como sobre el guante, y para el sirviente, que no debía coaccionarlo mediante la fuerza, la paciencia se convertía casi en un esfuerzo físico, como correr. La paciencia es algo difícil. Además, estaba el sueño: pensaba constantemente en dormir, con exquisitas palabras poéticas que hablaban de ello. «Del descanso y el sueño, que no son sino imágenes tuyas, / mucho placer...»[*]

Con un fétido aliento y ojos saltones, el jadeante azor sufrió durante la primera noche y gran parte del segundo día; la segunda noche la empleé en bailar foxtrot al son de una radio colocada junto a un barril de cerveza. No es que bebiera tanto como para volverme inútil o estúpido, pero el alcohol parecía ahora la única forma de continuar viviendo. Durante esta segunda noche el sueño me permitió tomar nuevas fuerzas de alguna forma, me confirió la capacidad de animarme y disfrutar, de sentir de pronto que estaba bien y era divertido ponerse el reloj de pulsera en la muñeca derecha con la misma mano (el azorero se ve obligado a emplear una sola mano) y ser capaz de decir: «Bueno, pase lo que pase, ha merecido la pena vivir».

[*] Cita del soneto X de la recopilación *Holy Sonnets* [Sonetos sacros] del poeta metafísico John Donne, publicados por primera vez en 1633. *(N. del E.)*

Sin embargo, a las tres de la mañana de la tercera noche me tumbé en la cama plegable con Gos, que se había rendido una vez más, en el puño. A las cuatro me levanté resueltamente. Con unos ojos fijos, unos ojos que veían los objetos cercanos tan solo de forma automática pero estaban fijos de verdad en la meta imaginaria, el hombre de guardia dejó al azor en su percha mecánicamente. Enloquecido, no miró ni al pájaro ni a la caja de té mientras daba traspiés hacia la cama con un rostro resuelto y semiinconsciente. Cerró la puerta, giró la llave con unos dedos separados e irreconocibles. Ni Tarquinio ni Claudio habían mostrado tal irresistible determinación en sus intenciones. Como un monstruo de Frankenstein, moviéndose de forma subconsciente, se desvestía por el camino. Frente a esas pupilas rojas con iris de derviche que podían atravesar hombres o piedra, cualquier oposición habría sido infructuosa, no habrían resistido muros de bayonetas, y regimientos con las armas listas ni se habrían abierto y dejado paso. Dejé las botas al pie de las escaleras, la chaqueta en lo alto de estas y los calzones en el suelo; ataviado solo con mi camisa, me desplomé sobre la cama de matrimonio con colchón de plumas que estaba reservada para los invitados, pero que violé entonces lascivamente, engalanada con sábanas azules, mantas azules, un edredón azul y una colcha dorada; y allí dormí impertérrito frente a mensajeros y sones de trompeta, hasta las once de la mañana siguiente.

Capítulo III

Sentado en el suelo a las diez y veinte de la noche, con un vaso de *whisky* solo y la radio nueva, solo (era la más sagrada de las bendiciones estarlo por fin), me topé con un hombre que cantaba en tono triste acompañado por un instrumento de finas cuerdas. Estaba rodeado por las estruendosas orquestas dominicales europeas, que hacían un despliegue de sus inmensas melodías; pero él, oriental e increíblemente antiguo, continuaba con su canto sincero. ¿Dónde estaba este almuédano, esta civilización más antigua que la nuestra? No habría de saberlo, ni volverlo a encontrar.

La música era, sin duda, la de una raza adulta; adulta, de mediana edad, puede que incluso anciana. Nuestra exuberancia adolescente, nuestra música clásica creyente y nuestras orquestas llenas de fe resultaban pretenciosas comparadas con su delicado recitativo. Él sabía, mientras nosotros solo creíamos. Pensé en el avance de la civilización; en el poder desplazándose triunfalmente hacia el oeste con el sol; en los nuevos amos que surgían con su vigor innecesario y púbico; en Roma y el Imperio británico. Todos habían acabado envejeciendo, su horrible vitalidad se había evaporado; habían terminado siendo adultos que ya no necesitaban reafirmarse; habían alcanzado la sabiduría; habían empezado a cantar ese canto triste pero tolerante.

¡Qué placer! Pertenecer a una civilización antigua; no a una dominante, sino a una que había alcanzado el conocimiento. En algún momento nosotros deberíamos alcanzar nuestra propia paz. Hitler, Mussolini, Stalin y todos los demás nos llevarían a la ruina preliminar quizá durante nuestra vida; y, entonces, deberíamos ser capaces de arrastrarnos hacia el conocimiento. Desde los restos y el asesinato, desde la ruina, habiendo continuado el poder en algún momento su camino hacia el oeste, emergeríamos para cantar incrédulos acompañados de una balalaica o una cítara.

Era la suya una canción de cuna que conocía el destino del hombre.

Desprenderse de posesiones innecesarias, y sobre todo de otra gente: de eso trataba la vida.

Debía descubrir qué cosas no eran necesarias y cuáles necesitaba realmente. Un poco de música y licor, menos comida todavía, un techo propio cálido y hermoso pero no demasiado grande, un canal para las energías creativas y el amor, el sol y la luna. Con estas cosas era suficiente, y el contacto con Gos en su retiro, en última instancia, no corrompido, era mejor que el interminable y cruel conflicto entre hombre y mujer o la ambición por ganar poder en adolescentes batallas que hacía que los hombres se dedicasen a los negocios, comprasen automóviles Rolls-Royce y fuesen a la guerra.

No me parecía mal la guerra, pero me asustaba mucho. ¿Qué importancia tenía, no obstante? Puede que nos matase veinte años antes de que muriésemos en otras circunstancias. Era inútil, cruel, un desperdicio y terrible para un individuo; pero la supervivencia de este no importaba en lo más mínimo. A mí probablemente me matarían, y quizá desapareciese mi civilización.

Pero el hombre no desaparecería. ¿Qué importancia tenía, pues, que un dictador en su megalomanía destruyese una cultura? No era más que una gota comparada con la suma de las culturas, y quizá fuese algo bueno. En el mundo del que había huido había visto tanta maldad en nuestra sociedad actual que no sabía qué sentir acerca de que se acabase; y yo, por mi parte, era viento de todas formas.

Al final no necesitaba a la civilización europea, no necesitaba poder, no necesitaba a la mayoría de mis congéneres, quienes estaban saturados de estas dos cosas, y acabaría por no necesitarme a mí mismo.

No importaba, mientras el hombre sobreviviese. Si después de la batalla la raza humana había madurado, nada se habría perdido. Que el Imperio y la gloria desaparezcan con un estruendo wagneriano, mientras la voz y la cítara continúan con su paciente melodía en el aire ya libre. Algunas cumbres del progreso humano sobrevivirían; cumbres de paciencia y conquista cultural; cumbres de madurez educativa. Desde China, desde Asiria, y no desde Hitler y Stalin, el hombre se había reconciliado con el águila.

Lunes

Nos encontrábamos de nuevo en la etapa en la que había que amansar al azor para que se habituase al mundo exterior, una etapa que suponía llevarlo en el puño todo el día. A veces, era posible mitigar el tedio de esas jornadas completas de vigilancia yendo con él a pescar al Black Pit donde, al intentar triunfar sobre la perspicacia de aquellas carpas grandes y taimadas que probablemente habían llegado allí de la mano de los monjes de la abadía de Luffield, era posible compactar dos paciencias en una. Si ataba un sedal al primer tramo de la caña (un sedal cuyo otro extremo podía sostener entre los dientes), podía pescar con una mano mientras el azor permanecía sobre la otra, y en algún momento conseguí pescar dos peces de aproximadamente medio kilo cada uno.

No obstante, lo divertido fue que este lunes, en un acto espontáneo, Gos aceptó darse su primer baño. Había un pequeño remanso, como un charco, que salía del lago, y en él un pesado tablón con un clavo atravesado. Remé hacia allá y até la lonja al clavo, para después dejar a Gos sobre el tablón. Al principio no quería posarse en él, dado que estaba bajo y era extraño, pero pronto, de un modo ancestral, casi lo comprendió. Se escuchaba la subconsciente voz racial que le hablaba a su cerebro de pájaro con parábolas. Saltó al tablón con un movimiento arrogante y delicado.

Me separé de él dos o tres metros, con los brazos en jarras, para ver cómo se desarrollaba la escena. Cuando me dolía mantener una postura y tenía que cambiarla por otra, me movía como la sombra de un reloj de sol. El espectáculo lo merecía.

Gos ladeó la cabeza y miró al agua. «Rara», se decía a sí mismo, «probablemente peligrosa, pero no obstante me gusta. ¿Qué es?» Introdujo el pico y se inclinó con total precaución para ver a qué sabía (las rapaces eran una de las pocas criaturas que no bebían agua regularmente, sino solo como laxante; no era necesario proporcionársela en las halconeras). No sabía a nada, así que volvió a meter el pico. Curioso. Miró por encima del hombro al volumen mayor de esa cosa que había tras él, erizó las plumas con una sacudida e inspeccionó los juncos, el desembarcadero y mi figura inmóvil. Pensó en volar hacia el penúltimo, a menos de un metro, y luego desechó la idea. Descendió por la pendiente del tablón hacia el agua. Durante todo este rato, no sabía si aceptaría bañarse o no.

Gos se detuvo cuando estaba unos milímetros dentro del agua y miró sus dedos refractados. Se picoteó uno para ver si seguía ahí. Cuando se dio cuenta de que así era cambió su atención y picoteó al agua. Hizo lo mismo después con las pihuelas y el tablón, en puntos en los que ambos estaban mojados. Era sumamente extraño.

Gos resbaló sobre el tablón mojado, dio un tumbo muy poco digno y se hundió más de un centímetro en el agua, y rápidamente se apresuró en salir para recobrar la compostura. Se volvió a picotear el dedo. Era bastante agradable.

Volvió a descender con toda precaución el tablón y consideró la posibilidad de meterse cinco centímetros. Evidentemente, era una temeridad, de forma que tan solo introdujo una pata y la retiró de forma pensativa a mitad de camino.

Gos presentaba generalmente un aspecto terrible, en el sentido de que tenía el mismo que un águila o un buitre. Bajo la intensa luz del sol que brillaba sobre el lago (por fin el clima parecía cambiar para adecuarse a la recogida de la cosecha), era verdaderamente hermoso; pero ahora, sin embargo, no parecía cruel. Era tan solo el pequeño, gracioso y tonto Gos, cuya mente transparente revelaba que era todavía un crío, mientras luchaba contra los elementos de la hidrostática.

El sol brillaba sobre él, confiriéndole una aureola azul. La cera alrededor de sus orificios nasales era supuestamente amarilla, como el iris del ojo; pero ese ojo luminoso (su principal característica; deslumbraba, debajo de las cejas fruncidas, como si fuera un foco del resto de su cuerpo; era el ojo de un asesino demente) relucía genuinamente, como la pintura en las manecillas de un reloj de pulsera. Pintura con luminiscencia, fosforescente: era azul, en realidad, tanto como amarilla. Así, la luz del sol sobre Gos adquiría un tinte azul por el pelo alrededor de la cera y los párpados, lo llevaba hasta el ojo y creaba un halo alrededor de la cabeza de un tono exquisitamente indescriptible, de carne de pájaro, ni azul ni amarillo.

Gos fijó la atención en su parte trasera, sin mirar, y sumergió la punta de la cola en aquel medio extraordinario. Fue divertido. Se levantó y pensó en ello, erizando las plumas de nuevo. Cuando se erizaba era igual que una piña. A veces adoptaba otras apariencias, como la de un pingüino, encorvándose, cuando tenía hambre, o la de un búho, volviéndose suave, cuando tenía sueño.

En ese momento, sorprendiéndome tanto que apenas pude contener la risa, el absurdo principillo erizó todas las plumas, levantó la cola en el aire y, como una señora mayor al sentarse en un tranvía o al levantar el polisón para agarrar el monedero entre las enaguas, se sentó de pronto, con resolución y recreándose, en el charco. Nunca había visto un pájaro sentarse, ya que el gesto era muy diferente del de una gallina ponedora. Gos permaneció sentado en un éxtasis ridículo, se levantó, colocó la cabeza entre las patas y se miró desde abajo. Que se concentrara en su parte trasera, la extraña mezcla de orgullo, afecto y ansiedad por esas latitudes, el movimiento torpe y de alguna forma íntimo con el que sumergió el trasero orgulloso; estas cosas y la indignidad me hicieron pensar que el pequeño Tarquinio se había convertido de pronto en una mujer de la limpieza de vacaciones en Margate.[*]

Martes

Parecía que por fin empezábamos a avanzar. El principio de regular la conducta del azor a través de su estómago funcio-

---

[*] Localidad costera del sureste de Inglaterra tradicionalmente conocida por ser un destino turístico habitual para los londinenses. *(N. del E.)*

naba cada noche mejor. Tenía ahora un plan por el que lo dejaba en la halconera día sí, día no, e iba a verlo cada cuarenta y cinco minutos con pequeños trozos de comida pero insistiéndole en que tenía que saltar al puño para poder comerlos. Yo, por mi parte, me ponía frente a él con la picada, lo provocaba con la voz o con gestos, sosteniendo la carne justo fuera de su alcance y dándole de vez en cuando un golpecito con ella, pero me retiraba siempre para insistir en el hecho de que tenía que saltar de verdad. Él, por la suya, trataba en cada ocasión de coger el bocado sin cumplir su deber: se inclinaba hacia delante casi perdiendo el equilibrio para dar un súbito picotazo, caminaba arriba y abajo por la percha atormentado por la indecisión e intentaba coger la carne con un repentino movimiento de sus feroces garras, haciéndome temer por mis dedos. Cada visita comenzaba con *El Señor es mi pastor.* Empezaba ahora a darle menos comida a propósito (aunque, a medida que el tratamiento empezó a surtir efecto, su creciente sumisión me hizo desear recompensarlo con más) para que estuviese lo suficientemente hambriento como para saltar al puño rápidamente en la siguiente visita.

Estaba contento y por las noches me sentaba a leer junto al fuego con el corazón satisfecho. Leí en *Mediaeval England* de Barnard que el obispo de Ely excomulgó una vez a un ladrón que había robado una rapaz de un monasterio de Bermondsey. Coincidí en que algunos crímenes merecían la excomunión.

Miércoles

Cada dos días el horario de visitas se veía alterado porque llevaba al azor de paseo durante unas seis horas, paseos que habían perdido gran parte de su atractivo porque el verano había vuelto a su anterior estado lluvioso y plomizo. Este miércoles, de viento además de lluvia, cacé una paloma espectacular, que volaba alto y veloz sobre una ráfaga de viento húmedo. Se la llevé rápidamente a Gos, calado hasta los huesos, y pasé la siguiente media hora de pie frente al azor en un lugar lleno de corrientes de aire tratando de hacer que saltase a por la comida.

Esto me enseñó una nueva lección acerca de la cetrería. El azorero solitario no se podía permitir caer enfermo. Mientras volvía a casa por la tarde de visitar a Tom me sobrevino de pronto lo que parecía una premonición de la gripe, un dolor y un escalofrío leves, cálidos y que me hicieron tiritar. ¡Qué iba a hacer ahora! Con la mente entusiasmada con sus intereses y el corazón preparado para afrontar los etéreos problemas en forma de pájaro, de pronto el cuerpo me traicionaba, alzaba estandartes rebeldes y me apuñalaba por la espalda. Me preparé un chocolate caliente, le eché *brandy* de cereza, encendí un fuego en el estudio y leí sobre historia medieval bastante deprimido hasta la hora de dormir. Si de verdad caía demasiado enfermo como para cuidar de Gos, debería pedirle a la vecina más cercana que lo alimentase dos veces al día; que colocara un ladrillo dentro del guante, atara firmemente a este último cuatro tiras de ternera y lo dejara junto al arco.

Jueves

Me levanté a las seis y me quedé de pie en medio de la habitación, preguntándome si estaba enfermo. Después de unos minutos, decidí que probablemente no lo estaba; una decisión que confirmó la experiencia del resto del día.

Fue un día típico de esta exitosa semana. Quince minutos cada hora el hombre se quedaba de pie frente a su amo alado, sosteniendo un ala de paloma fuera de su alcance, tratando de engatusarlo, silbando y graznando como de costumbre. Lo provocaba sacudiendo las plumas del borde de la percha y haciéndole cosquillas con ellas en el pico después, pero siempre evitando que agarrase la comida. Fue sobre las cuatro de la tarde de un día por lo demás agotador cuando el monstruo voló hacia mi hombro. Me agaché por miedo a ser asesinado y, una vez hube recuperado el coraje, lo devolví al guante con cuidado. Voló así una distancia apreciable tres veces durante el resto del día, salió de paseo conmigo durante una hora por la tarde y me despidió por la noche con afecto.

Mi setter, aunque observaba mi rostro con mucha atención, nunca determinaba mi estado de ánimo por mi expresión. Esperaba a escuchar mi tono de voz y, aunque la ponía a prueba con feroces ceños fruncidos y sonrisas radiantes, no sacaba conclusiones acerca de mi ánimo salvo de oído, o recordando escenas dolorosas o agradables en similares circunstancias del pasado. Con Gos no sucedía lo mismo. No solo averiguaba mis sentimientos por la cara que tenía, sino que yo ya distinguía al menos dos de sus emociones. Sabía, por su expresión, sin ayuda de sonido o movimiento, si estaba de buen humor o no. Todo su rostro se alteraba como el de un ser humano. En un momento dado era un lunático, con los ojos hundidos y deslumbrantes, el ceño fruncido, la boca abierta y la expresión de un archiduque loco de Baviera. Al siguiente, con el pico cerrado, las cejas alzadas y los ojos normales, no era nada más que el pequeño Gos, ridículo, inquisitivo, confiado, casi una despreciable mascota.

Viernes

Por la tarde fui con Gos de paseo por los campos a visitar a mi vieja amiga la antigua aldea de Chapel Green. Durante el reinado de Enrique III, se había construido aquí una capilla dedicada a santo Tomás de Canterbury. Cuando Browne Willis* visitó la abadía de Luffield todavía seguía en pie, pero la habían convertido en viviendas dividiéndola en dos casas casi independientes. Estas permanecían allí, pero en estado cada vez más ruinoso; y una pequeña casa de labranza más tardía, justo enfrente, seguía su ejemplo. Ambas estaban en igual estado de abandono. Los vagabundos que habían dormido en una u otra habían dejado algo: un saco podrido lleno de paja o un trozo de caja convenientemente colocado junto a una esquina. Los niños habían escrito comentarios obscenos en la casa de labranza, pero habían dejado la antigua capilla sin mancillar. Estaba allí, en medio de los campos, sin nada en dos kilómetros a la redonda.

El sitio estaba verdaderamente maldito para el hombre, de forma que crecía con la fuerza de antaño. Los fresnos eran enormes, y las ortigas también. La setter persiguió a un conejo escondido en ellas, que corrió a ciegas hasta mis pies antes de dar la vuelta e ir en dirección contraria. Era una forma de vida muy sorprendente en este sitio muerto, y no esperaba verme más de lo que yo esperaba verlo a él. Nos tomamos mutuamente por espíritus, y quizá el conejo lo era. El cura, me atrevería a afirmar.

Las dos casas viejas habían sido la capilla. En la fachada y la pared posterior permanecían las ventanas y puertas del

---

* Anticuario, escritor, numismático y político inglés. Fue miembro de la Cámara de los Comunes del Reino Unido de 1705 a 1708. *(N. del E.)*

primer gótico inglés, tapadas con escombros y yeso. Daba la bienvenida ahora al visitante que estaba a cincuenta metros y a favor del viento con un olor a cementerio. Miré a mi alrededor, sin dar crédito a mis sentidos, ya que verdaderamente aquel era el olor de la muerte. El terreno alrededor de la capilla estaba más alto que el campo de heno adyacente; como todos los camposantos antiguos, en él se amontonaba el barro vulgar y carente de ataúd de los siglos que se habían convertido en el polvo del que surgieron. Me pregunté si habría habido un cementerio antaño en la capilla, y si, de ser así, los viejos huesos se alegrarían de volver a ver un azor. Muchos debieron haber acarreado rapaces por estos lares («un gavilán hembra para el sacerdote», decía el *Boke of St. Albans,** «uno macho para el diácono»), pero hace cientos de años. La tierra indistinta parecía lista para revolverse en su reposo, para murmurar como lo hacían los huesos del granjero cuando la maquinaria de campo pasaba sobre su tumba, o como el intento del cazador por hablar cuando llegaban sabuesos junto a su sepulcro. Los ojos enterrados habrían sido diferentes de aquellos que me miraban al pasar este día; habrían mirado lo real, no lo imaginario; habrían sido críticos y observadores, inmediatamente capaces de darse cuenta de la banda de estrés y las plumas que le faltaban en la cola. Las viejas palabras todavía en uso habrían supuesto un puente entre ellos y yo.

Nuestros predecesores habían sido hombres pequeños. Sus guantes, armaduras y otras prendas no nos quedaban ya bien. Para pasar bajo el dintel de la entrada hubiese tenido que agacharme.

* Título común por el que se conoce a la recopilación de textos publicada en el año 1486 que versa sobre temas relacionados con el estilo de vida de los caballeros de la época. Consta de tres ensayos, sobre la cetrería, la caza y la heráldica. *(N. del E.)*

Pensé en la raza pequeña ahora bajo tierra, extraños de una especie ya solo presente en nuestra memoria, casi en nuestra imaginación; monjes, monjas, y el eterno villano. Me sentía ahora tan cerca de ellos como de cualquiera, incluso de Chaucer, «azor gris en mano». Sus ojos entenderían de mi azor, como un granjero entendía de elevadores de cangilones. Nos queríamos el uno al otro.

De fondo, el olor realmente era el de una tumba. ¿Era un osario o alguna familia insalubre y desaseada de erizos? Gos se debatió ante el olor.

Encontré la causa en un desagüe, pozo o bodeguita (no me paré a investigar) cuadrado y pequeño en la parte norte de la capilla. Era una oveja muerta que alguien había escondido allí, en vez de tomarse la molestia de enterrarla. La Amy Robsart de las ovejas, yacía cubierta del mismo polvo que el villano en el camposanto; estaba bien muerta. Tenía entendido que a los suicidas se los enterraba en la cara norte. No obstante, la falta de vida de esta oveja sin honra no era desagradable. Cuando levanté la tapa del desagüe salió una nube de moscas con un rugido, dejando tras de sí millones de esos gusanos que los pescadores en superficie usaban como cebo. El interior de la oveja hervía y de ella salían estos, amarillos y pululantes, como si hubiesen volcado un saco de granos de avena en el agujero; pero granos vivos, atareados, de sonido seco, crepitantes de vida. El hedor golpeaba la campanilla y dejaba una sensación árida en la garganta. Los mismos gusanos habían estado en los villanos, y estarían en mí.

Cerré la trampilla con prisa, pero sin sentir asco; lo hice con rapidez porque el olor era pestilente, aunque no desagradable. Es decir, ese ambiente fosfórico y huesudo daba la impresión de ser capaz de transmitir enfermedades, lo que en sí no era algo desagradable. Era algo de lo que huir, pero no que contemplar con odio. La enfermedad era algo activo, porque era efectiva. La sentías con miedo, pero no con desprecio. Tan solo las cosas que me causaban desprecio me hacían sentir mal.

Olí vigorosamente ese aire de muerte. Era un desafío a la vida, un tónico. Los villanos, santo Tomás de Canterbury, los Dayrell que habían construido la capilla, la oveja, y después yo; era perfectamente aceptable, casi agradable. Eran gusanos vivos y ocupados, limpios, vitales, símbolos de una fuerza vital esencial que persistía a la perfección. Estaban mucho más vivos de lo que la oveja jamás lo había estado.

Sábado

El cuerno me despertó de un sueño sobre cazadores de zorros. La jauría corría de nuevo por el campo, a la caza de cachorros de zorro cuando todavía no se había recogido gran parte del heno y el invierno ya era una profecía Los hombres estaban allí con chaquetas rojas a la salida del sol, chaquetas que se habían alegrado de llevar al salir; los fuertes saludos para darle ánimos al miembro más joven resonaban entre destellos de color y el continuo e indisciplinado ruido de una guerra de guerrillas.

En lo concerniente a Gos, era el día alterno en el que lo visitaba a intervalos de cuarenta y cinco minutos. Intentaba hacer que viniera a la primera, sin vacilar, al guante, y ya no me quedaba allí tentándolo durante un cuarto de hora. Si no venía tras haber silbado el viejo himno dos veces, me marchaba; y hasta las seis de la tarde no aprendió esta lección.

En los intervalos entre estas visitas ayudaba en la caza de zorros (era agradable que te trajeran la caza a la puerta de la halconera) o me sentaba al sol a hacer pihuelas y una lonja de repuesto, observándolos. Por la mañana, dos mujeres sentadas en bastones con asiento, con la mirada perdida en la linde del bosque de Sawpit, habían visto como una tejona joven salía de este y corría hacia ellas. Una cochinilla enorme hecha de brochas de afeitar, una alfombrilla gris de paso lento, la pobrecita, miope, escogió para salir del bosque la parte que estaba justo frente a aquellas mujeres pacientes. Estas permanecieron sentadas con una serenidad forzada y antinatural en sus bastones, rodeadas de fox terriers atados con correas, y soportaron la presencia de la tejona con tanto decoro como les fue posible. No sabían qué hacer con ella.

El animal solucionó el problema volviendo perezosamente al bosque, para que lo asesinaran allí unos veinte minutos después.

No obstante, el antaño cazador de zorros había empezado a pensar. Aquellas dos estoicas mujeres habían permanecido allí sentadas en sus asientos y mirando a la tejona. Las mujeres no disfrutaban naturalmente de la destrucción, pues su instinto era crear. A estas dos las habían hecho levantarse a las cinco de la mañana, cuando todo el maquillaje del mundo apenas podía hacer que una señora presentase buen aspecto; las habían hecho vestirse con elegantes ropas deportivas de *tweed* y «prácticas» botas de agua que, sin embargo, hacían incómodo caminar y no daban suficiente calor durante las horas tempranas; las habían llevado a un bosque desconocido bajo un intenso rocío, sin nada en lo que sentarse salvo una especie de palo, para participar en un misterio que escapaba a su comprensión. Totalmente aterrorizadas por dentro, estaban allí sentadas con aire resuelto en sus pequeños postes y miraban al bosque, convencidas de que la mejor forma de autodefensa era dejarse llevar por completo. Rodeadas por una jauría de perros que aullaban, de vez en cuando por dos o tres hombres de rojo que también lo hacían y que no parecían saber dónde ir, tan solo estaban seguras de una cosa: de que si hacían cualquier cosa con respecto a la tejona se equivocarían. La miraron con ojos vidriosos y, con mucho sentido común, no hicieron nada.

Las había llevado allí el enorme engaño de la caza de zorros. ¡Qué estafa tan magnífica! *Lord* Hillingdon y la jauría, los dos ayudantes y los perros que iban con él se lo pasaban en grande. Ellos estaban haciendo algo directamente; aplicado a mí, algo muy parecido a la primera vez que hiciera que Gos fuese a por un faisán, si es que alguna vez llegaba tan lejos. El líder de la cacería estaba sumido en un arte paciente y excitante, tratando de adiestrar con un esfuerzo personal directo a sus cuadrúpedos en la persecución exclusiva y hábil de otro cuadrúpedo. Sin duda, sus ojos evaluaban ansiosamente a Rattle o a Rantipole como los míos lo hacían con Gos. Hasta ahí, todo era verdad; pero en algún momento a lo largo de la historia de la caza del zorro se había descubierto que hacerlo en partidas era un mal necesario. La gente ayudaba con los cachorros de zorro en otoño, y hoy día su contribución financiera a menudo era lo que mantenía la caza. Unos pocos amantes genuinos de esta (que serían mucho menos del diez por ciento de una partida normal) seguían a *lord* Hillingdon porque apreciaban en parte sus verdaderos intereses y porque ellos mismos disfrutaban perfeccionando el salto de otro cuadrúpedo sobre obstáculos. Estos no eran suficientes como para hacerse cargo de los cachorros o aportar el dinero necesario para mantener el deporte.

Así pues, un genio anónimo había inventado la leyenda de la caza del zorro. Se había perpetrado aquel gran engaño con todos los recursos de un psicólogo maquiavélico. El miedo, decía Pávlov, era la principal motivación de los actos humanos.

Aquellas dos pobres mujeres en sus pequeños taburetes, aquellas que luego serían noventa de cada cien cuando avanzase la estación, estaban esclavizadas por el miedo; el miedo a que si no lo hacían no podrían ser de alta alcurnia; a que si no saltaban el seto igual que la señora Tacaña entonces *lady* Revolución Industrial pensaría que estaban asustadas; a que sus sombreros no estuviesen rectos, a llevar las fustas en la mano equivocada o del revés, a no tener la nariz lo suficientemente empolvada, a que el secretario las riñera si iban, a que no volvieran a invitarlas si no lo hacían; el miedo a que las insultasen por ir delante, a que las despreciasen por ir detrás; a hablar acerca del color de las chaquetas de los hombres (a menudo de un color mora intenso) porque no sabían si había que llamarlo escarlata, rosa, o rojo; el miedo a que a la fusta de caza se le dijera en realidad látigo de caza, fusta de montar, látigo de montar, fusta, látigo, vara o Dios sabe qué. Aterrorizadas por cien mil tabúes tan irracionales que era imposible tratar de afrontarlos de forma pragmática y tan numerosos que era imposible recordarlos de otra forma; petrificadas por la sospecha, a menudo fundada, de que el caballo que montaban se caería y se haría daño; atrapadas en un laberinto de miedos ideado de forma tan ingeniosa que al final tenían miedo de tener miedo, las desdichadas cabezas de turco iban dos veces por semana a su particular calvario y a menudo recurrían a la bebida para olvidarse de ello entre medias.

El avestruz entierra la cabeza en la arena cuando se alarma. Para mis dos víctimas sacrificiales, la tejona no estaba allí.

No obstante, también esta era digna de que se pensase en ella. Era una hembra joven, porque le abrí la boca y le miré los dientes cuando estaba muerta. Se podía matar a un tejón dándole un golpe en la nariz, aunque a los perros les costaba matarlos despedazándolos porque tenían la piel dura. La nariz era su talón de Aquiles. A la mía la habían matado así; y ahora, apenas mordisqueada, uno de los ayudantes la había arrojado por encima de una verja, abandonada allí para que yo reflexionase, mientras el alboroto continuaba en otro lado. La vieja tejona, la última de las osas inglesas; me enorgullecía que su raza hubiese vivido en el mismo bosque que yo. No le había hecho daño a nadie. Su casa estaba ordenada, trabajaba con tesón de noche, tenía las garras y los antebrazos fuertes debido a la agricultura. Podría decirse que los tejones eran duendecillos rústicos.

Su sangre goteaba lentamente sobre la verja mientras le sujetaba el hocico con el guante y la miraba a los pequeños, opacos y osunos ojos. Estaba muerta. ¿Para qué podía usarla? Sin duda, una vez asesinada, podría sacar algún provecho.

Pero no se me ocurrió nada. No me la podía comer; no podía hacer con ella brochas de afeitar o usarla de adorno, porque los tejones en esta época del año hacían una especie de muda; no me podía congratular de que ya no pudiese robar gallinas, porque probablemente nunca lo había hecho. Consideré brevemente despellejar y disecar la cabeza para ponerla junto a la del zorro en mi pequeño estudio, como recuerdo de este gran día; pero no quería recordar este día. No quería recordar a una joven, miope, retraída, trabajadora y, finalmente, prolífica hembra que había sido rechazada por dos señoras asustadas, acorralada por cachorros vigorosos e indoctos y golpeada en la nariz por uno de mis congéneres.

Sentí pena por la pobre tejona. No había colaborado de forma alguna en su muerte y esta no tenía sentido para mí. Se decía que este, por lo demás, inútil asesinato tenía algo de sentido para los sabuesos, y por tanto para su amo. Él no me daba pena.

Simplemente dejé caer la cabeza sin vida un poco apenado pero sin reproches, deseando vagamente que los sabuesos se limitaran a matar animales dañinos; un «asesino sentimental», como decían los intelectuales amantes de lo verde. Daba igual. Yo también era un tejón, en mi acogedora casa en medio del bosque de la tejona; y cuando el mundo en guerra viniese a destrozarme con gritos y fuertes saludos, ella y yo estaríamos en paz.

Domingo

Fue un domingo de sabor acre. Para empezar, una pulga había penetrado de algún modo las defensas de mi fortaleza. No había conseguido despertarme más que hasta el borde de la consciencia, porque los azoreros dormimos profundo, pero me había picado por todas partes. Después, dado que se nos permitía dormir hasta las nueve los domingos, me despertó el lechero. Me levanté, cubierto de picaduras de pulga y totalmente consciente de que era un día sagrado, y puse la tetera a hervir; acto seguido, desnudo en la silla de la cocina con los pies en una palangana con amoníaco y agua caliente me lavé cuidadosamente las picaduras, me puse ropa interior limpia y un traje negro, me hice una taza de té, recogí a Gos de la halconera y caminé tres kilómetros a través de los campos hasta la iglesia. Lo dejé fuera sobre una lápida, con la setter vigilándolo y el guante.

Mi vecina había cocinado una buena comida de domingo, y hacia la una y media estimé que Gos, que ahora estaba posado en el arco del jardín, estaría lo suficientemente hambriento como para volar un par de metros a por su comida atado con una lonja más larga de lo normal; pero juzgué mal. Desde ese momento hasta las ocho de la noche me senté en el sillón de la cocina junto a la puerta trasera, en el campo visual del azor, y cada quince minutos caminaba alrededor de él con un trozo de comida. Cuando no le ofrecía estos sobornos, trataba de hacer frente, desde la silla y el resto de sitios, a otro aspecto del amansamiento previamente no mencionado.

Debe recordarse que un azor es el miembro más nervioso de una familia que respira mucho más rápido que el ser humano, y que en este último una respiración agitada y un corazón que late con esfuerzo son un signo de locura. Para Gos, el mundo era un lugar en el que la vida ocurría a un nivel mucho más intenso que el mío, un lugar en el que veía más lejos y más rápido que yo. Para él era todo peligro y exageración, la vida era una alerta mucho más tensa que cualquier cosa que conozcamos. Sin importar cuán rápido hubiese tratado de mover la mano hacia su cabeza, siempre habría girado la cabeza antes en la dirección de la mano. No solo lo molestaban las palabras en tono enfadado, los ceños fruncidos, los desconocidos o los ruidos fuertes, sino también los movimientos bruscos. Al principio de su amansamiento había tenido que controlar mis acciones, y en la medida de lo posible las de otra gente, de forma que no estuviese expuesto a nada súbito, sonora o visualmente. Sin embargo, obviamente, no podía permitir que esta situación continuase el resto de su vida. Por mi bienestar y tranquilidad, tenía que acostumbrarlo a las cosas imprevistas, a no ser que quisiera vivir el resto de mi vida moviéndome lentamente. Ahora, por tanto, tenía que conseguir que tolerase movimientos menos relajados que los que me había visto obligado a hacer hasta el momento. Con él en la mano izquierda, levantaba la derecha rápidamente para quitarme un cigarrillo de la boca, y el resultado era una debatida. Tendría que repetir el movimiento una y otra vez, a intervalos variables de tiempo, hasta que se acostumbrase a un cigarrillo rápido. Sentado en aquel sillón dominical, me levantaba de un salto, me movía de forma inusual o hablaba alto y de golpe. Tendría que volver a hacer cada experimento cien veces, hasta que empezase a aceptarme como una criatura espontánea no necesariamente estática.

Otro problema era que estaba vestido con mi traje negro de los domingos. Hasta entonces había llevado a propósito, y quizá equivocadamente, los mismos pantalones de montar y la misma chaqueta a cuadros siempre, con la esperanza de que se acostumbrase a la misma persona desde la óptica de su ojo brillante. A la hora del té me puse de nuevo esa ropa, salvo por las medias. Desde entonces se mostró más amigable, aunque no paraba de mirarme las piernas, y no fue hasta las ocho que, habiendo fracasado en mi intento de que viniera, lo recogí con cuidado, le di un pequeño trozo de hígado y lo llevé tranquilamente a acostarse.

Capítulo IV

Al ser un ermitaño iluso e imaginativo, empezaba a sentir que podía hablar acerca del adiestramiento de rapaces de bajo vuelo desde la experiencia. Antes había ido a tientas entre conjeturas, con la única ayuda de la palabra escrita; pero ahora, dentro de mí, parecía haber empezado a crecer la flor personal del conocimiento. En secreto, y no tan rápido como para parecer que se movían, las raíces habían empezado a extender su red afiligranada a través de la marga del subconsciente. Dulce y cariñosamente, los más pequeños capullos de la certeza intrínseca habían empezado a surgir de los tallos, nutridos por la savia de la vida y no la de la teoría.

Los azores eran Hamlet y Luis II de Baviera.* Furiosos herederos de dementes señores, si gozaban de buena salud estaban considerablemente locos. Cuando el rojo vino renano de su sangre le recorría con fuerza las arterias, cuando los huesos de pájaro rellenos de aire estaban repletos de pequeñas burbujas de cálida e incontrolable fuerza, ningún simple ser humano podía someterlos a su voluntad. Preferían dañarse a ceder. «Una rapaz gorda», rezaba el viejo refrán de los azoreros, «significa un caballo flaco, un cetrero

* Rey de Baviera de 1865 a 1866, hijo del rey Maximiliano II de Baviera y de la reina consorte María de Prusia. Es conocido comúnmente como «el Rey Loco», debido a su personalidad excéntrica y melancólica. Murió en extrañas circunstancias, ahogado en el lago de Starnberg, tres días después de que lo declararan incapacitado para gobernar. *(N. del E.)*

cansado y una bolsa vacía». Una semana de buches repletos de carne sanguinolenta haría que el azor mejor adiestrado de Europa se debatiese del puño del mejor cetrero del mundo. Por fin había asimilado de verdad esta lección, el primer mandamiento del decálogo del azorero, una máxima de tres palabras que constituían el principio y el fin de la cetrería: dosifica la comida. Aterrorizado por la horrible banda de estrés que ya presentaba, me había pasado las semanas de noviciado sobrealimentándolo, para prevenir que se repitiese. No era de extrañar que se hubiese negado a volar hacia mí, que se mostrase destemplado e intransigente, ya que su pequeño cuerpo estaba consumido por la buena vida y la falta de ejercicio. Su forma de ejercitarse había sido mediante la rabia.

Entendí entonces que tenía que aprender a observar su alimentación con diligencia y minuciosidad. Me di cuenta de pronto de que este era el secreto de todo adiestramiento. Previamente, había pensado, sin entender lo que suponía, que la forma de conquistarlo era a través del estómago. La forma de llegar al gobierno es a través de una barriga vacía. Todo gran señor feudal había sido consciente de esto en lo referente a tratar con mis compañeros de las clases bajas. Con noventa libras al año, los que vivíamos en casas de trabajadores estábamos justo en ese feliz punto fronterizo con la hambruna, lo que nos mantenía alejados de acciones atrevidas. Estábamos perfectamente sanos, pero no teníamos un exceso de energía, no éramos rebeldes, no estábamos saciados ni teníamos ganas de luchar. Nos mantenían eficientes y mansos.

Lo mismo ocurría con un buen adiestramiento. El adiestrador de caballos tenía que fijarse primero en la avena. Me extrañaba que los directores de colegio no hubiesen cambiado la vara por carne limpia. Quizá lo habían hecho, ahora que recordaba la comida allí; o habían preferido usar ambas cosas, por no perder el placer de la flagelación.

Tenía que adiestrar a Gos ahora igual que había marchado el ejército de Napoleón. Esto era lo que debía considerarse el fundamento del juicio del adiestrador en cualquier tipo de adiestramiento para la caza. Aquellos hombres vestidos a cuadros y con polainas de Newmarket, con sus caras delgadas y piernas arqueadas, al final no hacían sino responder a la cantidad de comida que se les suministraba. El criterio para escoger al caballo de raza por el que apostar mi dinero en la siguiente temporada de carreras no sería artístico, ni la fuerza, la belleza, el hueso o el músculo; sería el de la privación sensata. Por supuesto, no sería el de la inanición, pero sí uno cuyo foco estaría en el estómago. Esta era la primera regla del adiestramiento.

Lunes

Gos estaba lo bastante hambriento como para hacer grandes progresos, y yo por fin me había decidido a mantenerlo así. Fue un esfuerzo y un problema al principio; un esfuerzo porque recompensarlo con comida era un placer y una tentación grandes, y un problema porque todavía tenía que averiguar cuánta comida era necesaria para mantenerlo sano. Le había dado poco de comer durante dos días ya, así que este día le di la pata delantera, la trasera, dos riñones y medio hígado de un conejo, con la sensación de que estaba siendo demasiado generoso* y de que retrocedería en su adiestramiento al día siguiente. Ciento cincuenta gramos de ternera cruda constituían la ración diaria para un halcón peregrino,

---

* Una pata trasera habría bastado.

y pensé que Gos, siendo un terzuelo, sería aproximadamente del tamaño de uno hembra y necesitaría la misma. Evidentemente, era un asunto que precisaba de un juicio exquisito que solo podía afrontar el azorero que conocía su pájaro (ya que variaba entre distintas rapaces de la misma especie); el azorero cuyo subconsciente estaba en íntimo contacto con el del pájaro. Cada alteración en el comportamiento de su mente, cada uno de sus kilogramos sobre el guante, cada sensación de una acuidad excesiva en el esternón al acariciarlo: estos y todos los demás indicios debían servir al azorero para conocer el estado físico de su compañero. Demasiado hambriento, demasiado lleno; el secreto de la cetrería residía en el equilibrio exacto.

Empleé la mañana en hacer que Gos viniese rápidamente al puño desde el arco, recorriendo hasta casi dos metros. Le daba pedacitos de carne tras cada vuelo, y se comportó bien. Por la tarde paseé con él desde la una hasta las seis y lo llevé a la carretera principal de Lillingstone Lovell para que se encontrase de nuevo con automóviles. Fue un día tórrido (lo que contribuyó a aumentar su temperatura), pero, en general, la visita fue un éxito. Me senté con él en unos tocones, primero a noventa metros, después a cuarenta y cinco, después a no más de uno de la carretera; y no se debatió ante nada excepto ante dos muchachas rurales vestidas de vivos colores que pasaron rápidamente en bicicleta. Se debatió para acercarse a, y no para alejarse de, una nidada de faisanes, y se mostró profundamente interesado en los arrendajos y un cernícalo que salió de un seto junto a la avena. Una vez en casa, vino obedientemente y de inmediato desde la distancia de una lonja doble a por su cena, y se comió la pata trasera del conejo entera, con huesos, garras y todo. Le dio algo muy parecido al hipo.

Sentado en la percha en la que pasaba la noche en la halconera, miraba hacia el techo, movía la cabeza y el cuello como una anguila o una serpiente como las que bailan en la India, intentaba tragarse aquellos tres enormes huesos mientras se contoneaba y me miraba, hipando, con ojos vidriosos.

Reticente a despedirme, me quedé en la puerta observando este espectáculo asombroso y vagamente inquietante (¿sería capaz de digerir tal bocado?), y pensé en la mañana siguiente. Había sido un día espléndido. Iba a retroceder en el adiestramiento. Seguro. Los azores, y esta era la segunda cosa que había aprendido gracias a la experiencia, daban dos pasos hacia atrás por cada paso hacia delante. «No hay atajos», decía la Biblia, «en el adiestramiento de un Gos».

Martes

Supuse que lo que en algún momento escribiría sería la clase de libro que enfurecería a cualquier cetrero consumado, y me apenaba que fuera así. Imaginaba a un azorero anciano sentado en lo alto del árbol que yo trepaba ahora con tanto esfuerzo. Tenía una expresión malhumorada y de sabelotodo, amarga por los años de contacto con azores intratables. Estas criaturas le habían absorbido tanta paciencia que ya no le quedaba más para sus congéneres. Vestido un tanto a la antigua, con una gorra escocesa y un largo bigote blanco con las puntas enceradas, el azorero estaba sentado en lo alto de una escalera y proclamaba que se había dedicado a amansar azores durante sesenta años. Este me preguntaba qué derecho tenía un cobarde ermitaño que huía de sus congéneres a escribir sobre estas casi fabulosas criaturas. «Los necios», afirmaba con cierta contundencia, «andan presurosos donde los ángeles temen pisar».*

Pero yo estaba seguro de que había una cosa que todavía me apasionaba, y era aprender. Siempre me había dedicado a ello, insaciablemente, buscando saber de más cosas. De todas las cosas que había empezado a aprender o descartado casi de inmediato, la más loca pero tranquila y fruto de constante felicidad había sido el misterio del divino salmón y su exquisita mosca. Quizá, al final, si renunciaba a los demás intentos, llegaría a la mediana edad y me conformaría con mi destino de segunda mano, que sería yacer junto a un arroyo de las tierras altas en el que viviera mi monstruo. Mientras tanto, la búsqueda continuaba, y con ella la necesidad de ganarme la vida. Era más fácil combinar ambas cosas: aprender y, después, escribir sobre ello, ganando así dinero con lo que me apasionaba. Decidí decirle a mi anciano azorero que abandonase el árbol y sus prejuicios, porque el mío no era en absoluto el libro de un cetrero. Solo sería el libro de un principiante; si me apuraban, el libro de un escritor, uno que quizá había intentado en vano ser cetrero.

Estaba orgulloso de Gos. Voló rápidamente al puño a por su picada, aunque no desde lejos, cuando fui a verlo por la mañana. Comió, después de recorrer uno o dos metros, la mayor parte de la carne de una gran pata de conejo, que le ofrecí poco a poco antes del mediodía. Paseó conmigo sin montar escenas desde la una hasta las seis, excepto por un pequeño intervalo en el que tuve que marcharme a cazar un conejo, y luego decidí intentar atarlo con el fiador.

* Verso del poema de Alexander Pope *Essay on Criticism* [Ensayo sobre la crítica], publicado en 1711. *(N. del E.)*

Un fiador es un cordel, una cuerda resistente o un sedal de gran longitud no demasiado pesado, para que lo lleve el azor en vuelo. Normalmente, tenía entendido, un ayudante se encargaba de llevar al azor atado con el fiador mientras el amo lo llamaba, para que fuese de un puño a otro; pero yo no tenía ayudante, y lo prefería así.

Dejé a Gos sobre una barandilla alejada de ruidos y até el fiador a la lonja. Como pescador, me gustaban los nudos, y de hecho a veces me entretenía practicando el nudo de sangre, que Chaytor* había vuelto romántico y famoso además de bonito (que siempre lo había sido), en trozos sueltos de cuerda. Pero ahora el nudo era algo que me asustaba a la vez que me apasionaba. Al otro extremo había un pájaro que en este momento era más valioso que cualquier cosa que hubiese tenido nunca, y una de las pocas posesiones que me quedaban. Incesantemente, día y noche, los nudos bien hechos e ingeniosos de las pihuelas, el nudo de halconero que ataba la lonja a la anilla de la percha, el pase de las pihuelas a través del tornillo, y de la lonja a través de este mismo, eran algo crítico y que no realizaba sin miedo. La desconfianza con la que se asegura un pescador de salmones de que todo está bien pasó a formar parte de la cetrería, y nunca ataba un nudo sin la ansiedad de un carcelero y una leve duda en el corazón.

Mi fiador, hecho con un cordel alquitranado nuevo, era de veinte metros de longitud. En el extremo opuesto al azor, el que estaba atado a la barandilla, había atado dos metros de resistente goma elástica para tiradores para que no rompiera el fiador con un tirón brusco. Me puse a menos de veinte

---

* Se refiere a Alfred Henry Chaytor (1869-1931), autor del reconocido y completo tratado sobre pesca *Letters to a Salmon Fisher's Sons* [Cartas a los hijos de un pescador de salmón], publicado en 1910. *(N. del E.)*

metros de él, para tener en todo caso fiador de sobra, y empecé a silbar el maldito himno. Antes, se había mostrado fascinado por el conejo.

Tuve que continuar así alrededor de una hora. De vez en cuando me rendía y me tumbaba entre las vacas (que acababan de salir tras ser ordeñadas y me ponían un poco nervioso cuando pasaban sobre el fiador, que yacía extendido en una doble vuelta hasta una distancia de nueve metros desde la barandilla y volvía al azor), y luego me levantaba otra vez para redoblar mis esfuerzos. El problema era hacer que Gos entendiera que, aunque seguía atado, ahora era libre para recorrer esos casi veinte metros más.

Probé a acercarme más, a una distancia de cinco metros, pero seguía confuso. Al provocarlo con el himno de la hora de comer, al silbarle desde una distancia que nunca antes había tenido la libertad de recorrer, el desgraciado tirano erizaba las plumas en toda su longitud, recorría la barandilla arriba y abajo, miraba en todas direcciones y prácticamente se picoteaba las uñas de indecisión. Probé entonces a coger el trozo del fiador entre él y yo, sosteniendo el cordel con la mano que enarbolaba el conejo como señuelo y tirando de él al compás de *El Señor es mi pastor*.

Después de más de una hora de fracaso decidí tomar lo que consideré medidas drásticas. Me situé a diez metros de distancia y tiré a Gos de la barandilla por medio del fiador. Aleteó al caer y volvió a subirse. Después de retorcer el cordel un poco más, lo tiré de nuevo. Se repitió la escena, una vez tras otra.

Al cuarto intento se quedó en el suelo. Fue dando saltos entre los cardos de acá para allá, y finalmente en mi dirección. Me aparté de él como se hace al adiestrar a un perro perdiguero. Entre brincos, con el plumaje totalmente ahuecado, como un sapo terrible, me siguió dando saltitos. Los últimos dos metros de los veinte los recorrió volando hacia el puño; y el premio, antes de irse a dormir, fue un buche casi lleno de fresco conejo joven.

Miércoles

Ahora me interesaban dos cosas a la vez. Por un lado, estaba la emoción de esperar dar el cuarto o penúltimo gran paso en su educación, el momento en el que lo vería volar noventa metros con el fiador, y, por otro, la molestia de amansarlo adecuadamente para que se acostumbrase al mundo que lo rodeaba. Como vivíamos en el bosque, muy alejados incluso de una carretera, la suya había sido una vida aislada con pocas novedades. Al ver a tan pocos extraños, al no cruzarse con automóviles a no ser que anduviéramos tres kilómetros expresamente para ello, por el momento no estaba acostumbrado al bullicio del mundo moderno ni por su entorno ni por su instinto. Sin embargo, tenía que aprender a tolerarlo, como todos lo hacemos, por pocas veces que lo visitemos.

Ese miércoles, tras decidir por primera vez exponerlo al tranquilo tráfico de un pueblo, fuimos andando hasta Buckingham y de vuelta, para que el proceso fuese gradual. Lo sobrellevó bien, salvo por dos debatidas fuertes, una al entrar en la plaza del mercado y otra al salir. Sus debatidas al ver a la gente eran menos molestas que las reacciones de esta: las madres nerviosas empujaban sus cochecitos de bebé hacia la acera opuesta, las mujeres bajaban a la calzada delante de los automóviles entre gritos, en vez de pasar a un metro de distancia, y nos seguían tropas de niños. Para evitar estas molestias, dejé a Gos en la trastienda del *pub* Swan and Castle durante media hora, mientras hacía la compra.

Era muy agradable comprar en Buckingham, especialmente cuando tu lista de la compra empezaba por «un poco de cinta para la cortina de la cocina» y seguía con «cuero para señuelo, dos grapas grandes y un poco de malla para proteger cultivos, una balanza, cuerda más resistente, capillos, pintura azul para puertas, tornillos y clavos, pegamento líquido, una buena navaja, hilo de lana para zurcir, algodón, agujas», hasta llegar a «*Tratado sobre halcones y cetrería* de Bert, primera reedición del original de 1619, con introducción de J. E. Harting, bibliotecario de la Sociedad Linneana de Londres». Esto era así porque era más probable encontrar un ejemplar del libro de Bert, del que solo hay ciento dos ejemplares, en la ferretería o la talabartería de Buckingham que hacerlo en Bumpus* o en la Biblioteca Bodleiana. El fondo de las mejores tiendas de Buckingham, en el que podías encontrar cualquier cosa, era de algún modo famoso. Si hubiera querido un hacha de guerra, un carcaj con flechas o un par de esquís, habría encontrado al menos dos de cada en Herring's; y estaba seguro que el señor Evenson habría encontrado para mí, en algún lugar del establecimiento (si es que podía llegar hasta ellos), un coche de caballos del siglo XVIII o una mesa de billar.

Saciados de emociones, y tras el paseo de casi veinte kilómetros, llegamos a casa a las ocho. Al azor no le gustaban los automóviles, los ciclistas ni las multitudes, pero si estaba de buen humor, se lo podía persuadir para que no se debatiese ante ellos. Quizá era en este aspecto del amansamiento en el que iba más atrasado, y no podía afirmar con seguridad

---

* Famosa librería londinense con sede en Oxford Street fundada por los hermanos John y Edward Bumpus en 1870. *(N. del E.)*

que estuviese cómodo con mi propia mano derecha. Durante todo el camino de vuelta a casa la había ido agitando de forma tediosa a intervalos variables para acostumbrarlo a sus movimientos.

Llegamos a casa a las ocho y lo até de inmediato al fiador. Casi al momento, o, en todo caso, después de menos de cinco minutos de himnos y dudas, el gran pájaro surcaba el cielo a la luz del crepúsculo como un búho. Me asusté cuando mi amo se me abalanzó sobre el hombro encogido y después le di lleno de felicidad ciento cincuenta gramos de filete de ternera (que previamente había pesado en la balanza) con la convicción de que a la mañana siguiente tenía que incrementar la ración a doscientos.

Jueves

Yacía en la hierba alta en la encrucijada de Silston con Gos en el puño. Por aquí pasaban siempre coches. Estábamos en una zona umbría, con una buena brisa que mantenía a los árboles en movimiento, y había dos hombres recogiendo heno en los campos de enfrente. El propio Gos tenía las plumas totalmente ahuecadas y una mirada medio satisfecha, mientras meditaba sobre una sola pata. Cuando estaba de buen humor erizaba las plumas, y eso las desordenaba. Si no lo hacía y tenía las plumas pegadas al cuerpo y lustrosas, se podía estar seguro de que no estaba satisfecho; pero si lo hacía y encima empezaba a reposar sobre una sola pata, entonces significaba que no habría guerra.

Era un día delicioso, y Gos se estaba portando como un ángel. Estaba allí posado, dando tímidos golpes al aire con la pata libre y las garras apretadas; tenía una expresión monocular o de capitán ulano, ya que la pupila del ojo más alejado del sol se dilataba más que la otra.

Era una escena perfectamente idílica; al menos, hasta que llegaba otro automóvil. Entonces la garra en alto descendía, la postura erecta desaparecía, y el azor se encogía sobre el puño con ojos enloquecidos que buscaban el origen del ruido en todas direcciones mientras se planteaba la idea de debatirse, con las plumas pegadas al cuerpo.

Bajo el cálido sol de la tarde, pensaba en Gos. Si tuviera que darle un nombre propio, ¿cuál sería? Hamlet sería adecuado, o Macbeth (ya que era víctima de ilusiones); también lo eran Strindberg, Van Gogh o Astur, como el gigantesco guerrero de Macaulay (el nombre científico del azor era *Astur palumbarius*); Baal, como el poema de Kipling, Tom (el que tenía «huestes de furiosos delirios»), Medici, Roderick Dhu («los ojos de Roderick relampagueaban y arrojaban furiosos rayos»), *lord* George Gordon el de los locos disturbios, Byron, Odín, Muerte, Edgar Allan Poe, Calígula, Tarquinio o, cuando estaba contento, Gos: el cruce entre una golondrina y un gorrión.* Llegué a la conclusión, tras pensar en este problema, de que la mejor solución era llamarlo con todos esos nombres. El último duque de Buckingham había sido Richard Plantagenet Temple Nugent Brydges Chandos Greenville, y mi azor no procedía de un linaje inferior.

De camino a casa, Gos se dio un buen baño en una zanja al lado del camino: sumergió la cabeza, se revolcó, batió las alas, salpicó y se paró a pensar a la mitad mientras se rascaba la barbilla, todo ello bajo el agradable sol y entre las ondas del agua.

---

* Juego de palabras en el original. El autor utiliza los términos *gosling* (cría de ganso) y *goose* (ganso), y juega con la similaridad fonética que hay entre estas palabras y Gos. *(N. del E.)*

A las seis salimos al pozo y lo puse sobre la barandilla que lo rodeaba. Había comprado un cuarto de kilo de filetes de ternera en Silston y lo había dividido en dos partes iguales (esa mañana le había dado al azor una pata trasera de conejo). Había salido previamente al pozo y preparado un cordel de cuarenta y cinco metros. Había atado uno de los extremos a la barandilla del pozo, mientras que había dejado el otro totalmente extendido sobre el suelo. Después, le había dado la vuelta hasta donde estaba atado, de forma que había dos extremos del cordel en el pozo, uno anudado y el otro no, y en el suelo una doble vuelta que se extendía veinte metros hasta el cambio de sentido sobre el césped.

Coloqué a Gos sobre la barandilla y me retiré a una distancia de treinta y cinco metros, dejando nueve metros de margen para que pudiese volar sin problemas, y empecé a llamarlo y silbar. Los labios fruncidos repetían las alabanzas de *El Señor es mi pastor* con urgencia, con tono acariciante, con locura, con nobleza, con lentitud, con rapidez, continuamente, con pausas. «¡La cena!», exclamaban, en tono imperativo, de súplica, majestuosamente, de forma rapaz. «Ven, Gos», decían de forma complaciente, quejumbrosa, perentoria, dulce. «Venga», se quejaban, bastante agradecidos de que no hubiese testigos de la escena, «no seas tonto, ven, sé un buen Gos, Gosecín, Gosecín», y el eco y el silbido se replicaban: «Fiiiuuu, fiiiuuu, fiiiuuu».

Este alboroto extraordinario continuó durante casi diez minutos en medio del campo tranquilo. Tan alejado de mí que no podía distinguir ya ni sus ojos llameantes, el querido azor me daba la espalda, girando la cabeza a un lado y otro. Al fin se dio la vuelta sobre la percha, erizó las plumas con un aparatoso resoplido y empezó a dar saltitos sobre la barandilla. Las súplicas, el desafinado silbido, las notas picadas se elevaron a un orgasmo de deseo por la ternera, pero en vano. Volvieron a las pausas majestuosas, tranquilas, llenas de silencio. De pronto, después de diez minutos de mirar el fiador de reojo y sopesar visiblemente si podía confiar en él mientras se movía, de pronto, y sin ninguna relación con el patetismo de mi música, el dulce Gos empezó a volar.

A volar; aquel horrible sapo aéreo, aquel búho de silenciosas plumas, aquel jorobado Ricardo III volador se acercó a mí a ras de suelo. Sus alas batían con un propósito firme, los ojos en su cabeza agachada estaban fijos en mí, concentrados de forma macabra, como faros de automóvil, como los ojos de un remero del aire con la mirada fija en el muelle. Los franceses lo llamaban *rameur* además de *cuisinier*. Demasiado terrorífico como para describirlo con palabras (cuando lo recogí para llevarlo al pozo y le di la tira de ternera con la que siempre lo recompensaba por venir voluntariamente, había volado hacia mi hombro y clavado las garras en la carne desprotegida, agarrándome por el cogote) y demasiado amenazador resultaba su vuelo, dirigido no hacia la ternera que sostenía en el ángulo exacto, sino directamente hacia mi rostro. Cuando estaba a cinco pasos de distancia perdí el valor. Me agaché, con el brazo con el que sostenía la ternera todavía extendido, y me quedé así, acobardado, durante dos latidos de corazón.

Pero el repentino movimiento, o el repentino descubrimiento de la setter irlandesa dando vueltas a mi alrededor en la hierba alta, lo habían asustado. Antes de que pudiese ver dónde había ido, mientras estaba todavía preparándome para el impacto, Gos giró bruscamente dando una especie de cuchillada fallida, voló hacia el árbol más cercano, no pudo agarrarse porque el fiador lo retuvo (por suerte), quedó colgado boca abajo un momento y cayó en el seto.

Lo llamé durante unos segundos más y después, tras haberlo desenredado, lo llevé de vuelta al pozo. Lo recompensé con otra tira de ternera por haberme dejado recogerlo sin protestar (había saltado al puño).

Empezamos de nuevo. Esta vez, después de solo cinco minutos, se lanzó al ataque de nuevo. Me mantuve firme. Frente a mi muerte inminente, frente a aquellos dos ojos de *Athene noctua* que se me acercaban a la cabeza en vez de a la ternera a un brazo de distancia, apreté los músculos del pecho para no estremecerme. Fue demasiado. Cuando estaba a dos metros, el hombre volvió a su inherente cobardía y se encogió hacia la derecha, apartando la cara ante los ojos asesinos, encorvando el hombro, incapaz de permanecer erguido; pero Gos se posó en el hombro con un movimiento resuelto, bajó rápidamente por el brazo y empezó a comerse cincuenta gramos de ternera.

Cuando hubo terminado (y tras haber intentado comerse el papel, que había mantenido como señuelo visible) lo llevé de vuelta a la barandilla. Me abandonó por ella reticente y avariciosamente, insistiendo en llevarse el papel consigo. Después de volver a separarme treinta y cinco metros, que se habían convertido en cuarenta, dejó caer el papel y, mostrando más interés en él que en mí, saltó de la barandilla para comprobar una última vez que no era comestible. Esperé hasta que hubo vuelto a subir.

Entonces, por tercera vez, se repitieron las llamadas; y, en menos de un minuto, la siniestra muerte se abalanzó hacia mi cara. Permanecí de pie y no me agaché más de uno o dos centímetros; Gos recorrió rápidamente casi cuarenta y cinco metros con el fiador para comer los otros cincuenta gramos de filete de ternera.

Viernes

No hubo ningún progreso ese día, y no avanzar continuamente era retroceder. Cuán a menudo y durante cuánto tiempo se anonadaba y se confundía a sí misma la vida humana de pronto; se cuajaba y enredaba, por así decirlo, y presentaba una apariencia incoherente y un patrón fluido. Esta vida solitaria se caracterizaba por una energía mal canalizada casi infinita, pero incluso a pesar de estar mal canalizada tenía una dirección. Eso me satisfacía durante meses. Entonces, de pronto, llegaba el golpe, una especie de revés como el que afligió a Orlando, y hasta la mala canalización fallaba. Todo tipo de empresa se retorcía sobre sí misma, caníbal incestuosa, y se mordía la cola como las serpientes del limbo. Nada servía, no se podía hacer nada, nada avanzaba.

Hosco e inquieto, yací en la cama hasta las nueve, llevé a Gos al arco después de un intento fallido de que comiese atado con el fiador, supervisé la limpieza de mis chimeneas, le hice un dobladillo a las cortinas, hice un tirador de madera, até los dos metros correspondientes de goma elástica a uno de los extremos de un fiador largo nuevo y puse las herramientas en una caja en la carbonera; pero fui consciente en todo momento de que debería estar yendo hacia Silston con Gos, para acostumbrarlo al tráfico y la vida en un pueblo; en ningún momento quise hacer ninguna de las cosas que hice, y las hice a disgusto. Habría sido mejor estar inconsciente.

¿Qué era lo que quería el hombre y qué fuerza lo impelía siempre amargamente a obtenerlo? Al final no serviría de nada, todos nuestros fiadores acabarían enmarañados a nuestro alrededor, nuestras cortinas perderían el dobladillo y se desenrollarían, y nuestras herramientas yacerían desordenadas y rotas.

Sábado

Festina lente, como al servir una botella de Guinness. Los demonios habían desaparecido al día siguiente tan rápido como aparecieron, y el clima parecía que por fin iba a permanecer agradable. Un verano tardío o un otoño caluroso, el aire se había vuelto fuego justo cuando se recogía la cebada, después de la avena. Los tractores y elevadores que llevaban el heno que quedaba al almiar zumbaban en el aire inmóvil, por doquier. Los dientes del elevador ascendían sin cesar; eran una caballería de metal como los tintineantes escuadrones de la grada, pero más calmos. Dispuestos en una fila doble e inexorable, su infinita movilización asaltaba los almiares, como un ejército con estandartes.

En los campos las bestias libres yacían inmóviles bajo la sombra de los árboles, unos caballos bajo un árbol, unas ovejas bajo otro y unos bueyes bajo un tercero. Solo se movían sus colas. El azorero, con tres kilómetros que recorrer campo a través para llegar a la carretera más cercana y obligado a llevar una chaqueta para que el azor no le hiciese daño en el brazo y el hombro al posarse después del vuelo con el fiador, se paraba a la sombra de los setos tras cada verja y recuperaba el aliento, por así decirlo, para volver a sumergirse físicamente en la luz del sol mientras cruzaba el siguiente campo. Era una serie de carreras a través del desierto, una serie de pruebas de resistencia que aumentaban su dificultad campo tras campo, una serie de zambullidas en el aire abrasador que bebía de un cielo azul casi violeta por el calor.

Los granjeros y sus hombres se habían vuelto en un día de un profundo color caoba: sus rostros se habían separado en las delgadas líneas del cráneo moreno y habían ganado mucho en poder, carácter y pasión. Tenían los ojos sumidos en marañas de patas de gallo. Estos y los dientes blancos brillaban más en contraste con la carne, de forma que todos tenían un aspecto cómico y daban la vívida impresión de estar locos. Era la locura de la cosecha.

Durante la mañana, el mediodía y la tarde nada se movió en los campos; solo las sabias y tímidas palomas, demostrando su inteligencia al surgir del otro lado de un árbol e instantáneamente descender para cubrirse bajo el seto del que crecía, precedían al azorero y abandonaban el verde aislamiento en el que habían estado «escuchando la agradable calma de la sombra» con un fuerte batir de alas.

El azor se debatía para acercarse a la sombra de cada árbol cuando pasaban junto a él, entretanto posado con la boca abierta y la lengua fuera. El brazo, que había de llevar al pájaro en un rígido ángulo recto desde las diez de la mañana hasta las ocho de la noche, con tan solo una hora de descanso para lo que el rico llamaba refrigerio y el hombre común comida, empezó a sentir un dolor que aumentó a medida que descendía el sol ardiente. Tarde y lánguido, una vez hubo alimentado y dejado al azor en la halconera y alimentado también a la perra, el azorero se preparó una lujosa cena de salmón frío, mientras la luna llena de cosecha ardía fuera. Esta no era ya un satélite exhausto y reflector, sino una figura viviente; también estaba en llamas de nuevo, era un foco más brillante que los de un automóvil.

Durante todo el día el calor elevó la temperatura corporal de Gos e hizo que nada le sentase bien. Se debatió ante el paso de casi cada coche en el cruce de Silston y se negó a volar con el nuevo fiador en casa de Tommy Osborne. Había intentado alimentarlo allí a las siete, porque no quería que asociara un lugar en concreto con acudir a la llamada. Pero había mucho alboroto. Debido a los inquisitivos bueyes que nos molestaban, distraídos por el ir y venir de la granja, dado que yo mismo estaba débil por el calor y el hambre, y Gos estaba de todo menos tranquilo por ambas razones, tuvimos que ceder. Enrollé el fiador y volví con paso pesado a casa, lo até al pozo, me alejé setenta metros y empecé a silbar. Fue un fracaso casi total de día, uno de esos en los que uno trabajaba duro durante mucho tiempo sin ninguna recompensa tangible salvo el saber que había trabajado. Sostuve el señuelo con un brazo casi paralizado y un corazón sin esperanza. En media hora me rendiría, iría a por él y lo alimentaría sin haber conseguido nada.

Pero antes de que hubiese entonado el himno durante más de un compás, empezó a volar. A ras de suelo, con seguridad, de forma educada y tranquila, recorrió aquella larga distancia con los ojos fijos en la comida. El fiador susurró levemente sobre la hierba alta al moverse con su vuelo. Comió cincuenta gramos. Me apresuré hasta el pozo, lo dejé allí, me alejé noventa metros con el corazón en un puño por miedo a que me siguiese sin estar yo preparado (mientras él estaba encorvado sobre la barandilla con las plumas ahuecadas y muerto de hambre) y empecé a silbar de nuevo. Hicieron falta dos estrofas del himno, durante las que dio saltitos sobre su percha (y aquí me empezaron a cruzar por la mente todas esas cosas que no he descrito en el libro, el peligro de que el fiador se enganchase en un tocón o un cardo, la necesidad de que todo estuviese despejado, el estado de alerta mental necesario para tener claro cada detalle [y cuánto podía salir mal por tan poco en este mundo] y la rapidez con la que se debía decidir si actuar de una forma u otra cuando hubiese una emergencia, la desiderata del adiestramiento y los accidentes no deseados, evocados simultánea e instantáneamente), pero en seguida el azorcillo empezó a venir de nuevo. No es que viniera y ya está; a noventa metros de distancia, la primera vez que recorría tanto, era más bien que «empezaba a venir». Era algo apreciable en el tiempo.

Así, cuando la existencia parecía vana y lo único que quedaba por hacer era soportarla, a menudo Dios extendía la mano como verdadera recompensa al trabajo y, en un mal momento, sorprendía con su regalo, que resultaba de esta forma una sorpresa mucho más agradable.

Hice algo imprudente, pero no pude evitarlo: le llené a Gos el buche con cien gramos de ternera recién comprada en Silston, un gorrión y la pata delantera de un conejo. Totalmente lleno, sorprendido por la inusual generosidad, a punto de eructar como Falstaff, Gos me dio las buenas noches bajo la abrasadora luz de la luna con una expresión bastante aturdida; y yo, mientras escribía en el dietario a la luz de la lámpara, exclamé fuerte y repetidamente un brindis, bebí con ansia fuertes líquidos triunfales, maldije a todos mis enemigos y reventé los vasos contra el suelo.

Capítulo V

Bien, pues ya estaba. El trabajo estaba prácticamente terminado y no había resultado tan difícil al final. En unos días atraparía dos o tres conejos vivos en mis redes y, cuando Gos los hubiese cazado atados con una cuerda en el campo, lo cual era ilegal, estaría listo para volar libre. Podía congratularme de que estaba casi hecho, aunque su amansamiento para tolerar a las multitudes y los motores seguía atrasado. Respiré el aroma del triunfo con algo de desagrado. Era fácil. Tendría que encontrar algo más poderoso contra lo que enfrentarme ahora.

Esto era lo que había ocupado mi mente durante varios días ya, desde que había comprado las grapas grandes y la malla para cultivos en Buckingham. Había estado ahí de forma subconsciente desde que vi por primera vez a los supuestos gavilanes en el bosque de Three Parks, hace tantas semanas. Entonces, el chico que me había ayudado a sumergir aquella lejana cola en agua hirviendo al principio, me escribió para decir que uno de los gavilanes que había cuidado para él se había escapado y que no tenía rapaz. Le respondí que sabía dónde había un par y que trataría de atrapar una para él.

Era casi seguro una promesa vana, porque estas eran rapaces «zahareñas», criaturas adultas en estado salvaje, y ni siquiera estaba seguro de su especie. Solo las había visto una o dos veces, y además iban planeando muy alto y yo no sabía casi nada sobre las rapaces. Me había acostumbrado a considerar tan solo al cernícalo como «una rapaz» y a dispararle en cuanto pudiera. Todo lo que sabía era que el cernícalo prefería cazar a campo abierto, tenía una cola larga como un cuclillo y se mantenía en el aire con un planeo inmóvil modificando su ángulo de incidencia contra el viento o posiblemente encontrando corrientes térmicas de aire ascendente; batía las alas de vez en cuando durante una fracción de segundo, tenía el dorso rojo si se tenía la oportunidad de verlo desde arriba y el vientre blanco, y era un pájaro esbelto, de alas y cuerpo largos. Era un vulgar campesino, un villano medieval.

Las rapaces del bosque de Three Parks no planeaban, sino que daban vueltas de la forma en la que los cetreros querían que lo hiciesen los peregrinos desainados cuando les decían que «hicieran una punta»: es decir, volaban haciendo tornos a gran altura. Sus colas parecían cortas en relación al ancho de las alas, y eran de apariencia compacta. Parecían extender las colas al volar, mientras que el cernícalo normalmente mantenía la suya cerrada como un abanico. Cazaban en el bosque en vez de en los campos, y normalmente se los encontraba allí. Eran una pareja, quizá con familia, a menos que las crías ya se hubiesen marchado; por su parte, el cernícalo parecía normalmente ser un solterón. Estos dos pájaros estaban en el bosque casi siempre, graznándose el uno al otro mientras cazaban juntos. Solo los había visto de cerca una vez, hacía un mes, mientras se perseguían jugando, y entonces no sabía lo suficiente como para fijarme en si sus alas eran redondeadas o puntiagudas. Me pareció, durante la fracción de segundo que los vi mientras daban la vuelta al árbol, que tenían el vientre caqui moteado, listado o, en cualquier caso, con manchas que recordaba que tenía el gavilán del chico.

Estaba bastante seguro de que no eran cernícalos, aunque no del todo; no me atrevía a soñar que fuesen los halcones peregrinos de Escocia y Gales que vivían en acantilados y, por tanto, los llamaba gavilanes.

Domingo

La nueva moda llegó con fuerza, y me pasé casi todo el día haciendo una trampa para rapaces. Me costó dos metros de malla para cultivos, cuatro grapas grandes y horas de experimentación.

Las estacas eran de avellano y el arco de fresno estaba recién cortado. Este último estaba unido a las grapas con tiras de cuero que hacían las veces de bisagras. Cuando estaba armada, formaba un semicírculo sobre las estacas; cuando saltaba, se convertía en un círculo completo de malla, a la que me costó dos horas darle forma. En el diámetro del arco había fijado al suelo un trozo robusto de una rama de madera dura con un aro de metal en el centro. La teoría era que el señuelo, una paloma viva o un mirlo, iría atado a dicho aro; que el gavilán, al ver a la presa desde arriba, se abatiría sobre el señuelo; y que el azorero, escondido a unos diez metros, tiraría de la cuerda, encerrando así tanto al gavilán como al señuelo en la malla. En general, el principio era parecido al del viejo colador con el que los niños solían atrapar pájaros hambrientos en invierno.

Cuando terminé con esto y me aseguré de que el cuero funcionaba bien y era resistente, me acerqué a casa de Tom y le pedí ayuda a Cis. Tom me había dicho que podía tomar prestados cuatro paneles de zarzo, que Cis llevó hasta el bosque, mientras yo caminaba lentamente a su lado bajo el peso de la trampa, el fiador, el morral, una podadera y Gos.

Nos pusimos a trabajar. En una hora había una paranza en el bosque, cubierta por encima y por los lados con ramas verdes. A diez metros de distancia estaba la trampa, un semicírculo abierto, cubierta con musgo, hojas, ramitas y tierra que cubría los enganches.

Mientras trabajábamos en esto no podía olvidarme de hacerle caso a Gos. A la mínima que no lo hiciera, volvería a un estado salvaje, de forma que tenía que tratar de seguir educándolo a la vez. Mi medio de transporte por el campo era una bicicleta, y sería conveniente enseñarle a venir conmigo sobre el manillar. Así, se pasó la mañana atado a esta nueva percha, aunque tuvo un percance con ella cuando lo dejé solo, porque se debatió ante la presencia de algún pequeño intruso y volcó la bicicleta (pensé, mientras lo recogía del suelo, que después de un curso de cetrería cualquier hombre sería una buena madre). Después, lo llevé conmigo a dar un paseo durante media hora, mientras llevaba la bicicleta con la otra mano; y entonces, después de haber terminado la paranza, le hice recorrer cuarenta y cinco metros con el fiador, dos veces, en un entorno extraño (ya no en el pozo, sino lejos de casa) y en presencia de un extraño, Cis.

Mientras volvía a casa cansado bajo el dominical ocaso, vi claramente que había sido sin duda un buen día. Mientras uno estaba ocupado con estas pequeñas creaciones, la mente se dedicaba lúcidamente a sus humildes tareas, sorteando y rodeando los pequeños problemas del fresno o el avellano cuidadosamente. Ocupado en asuntos tangibles y sencillos, teniendo en cuenta el antes y el después, el golfo de Vizcaya del cerebro se quedaba en dulce calma; y en esta calma apa-

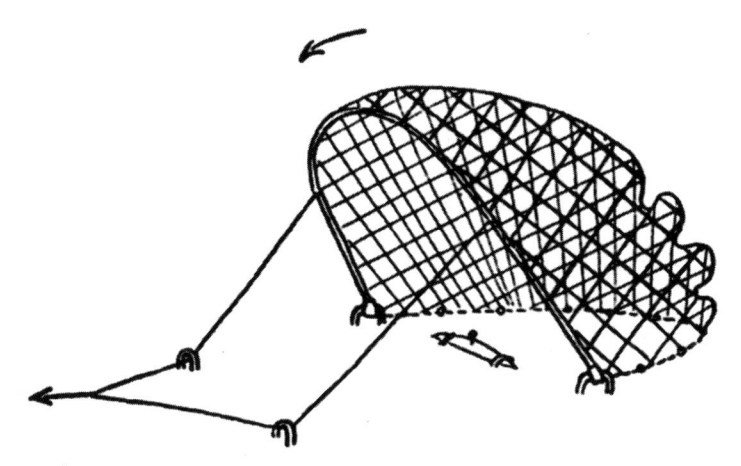

Red cerrándose tras tirar de la cuerda en la dirección de la flecha

recían de forma subconsciente vagos pensamientos, súbitos e inconexos descubrimientos. Se me detuvieron los dedos mientras hacía uno de los nudos de la trampa, al descubrir de pronto una insospechada ambigüedad en la respuesta de la Lechera Bella.* Ya que durante toda mi infancia había tenido la sospecha bien fundada de que mis padres solo me hubieran contado algo picante con la mejor de las intenciones, había presumido que la lechera, al responder al caballero que no podía casarse con ella porque su cara era la única fortuna que poseía, que nadie se lo había pedido, lo estaba desairando. De pronto, dudé de ello.

«"Entonces no puedo casarme con usted, lechera bella." / "Nadie se lo ha pedido, señor", respondió ella. / "Nadie le ha pedido que se *case* conmigo."»

Mientras dejaba a Gos para que durmiese en la oscuridad, emergió un nuevo pensamiento. Esta vez era una cita: «Re-

---

* Canción infantil en inglés llamada *Where Are You Going, My Pretty Maid?* [¿Dónde vas, mi lechera bella?] *(N. del E.)*

chazar placeres y vivir días laboriosos». Sin embargo, estaba al revés: «Vivir días laboriosos para disfrutar de sus placeres».

Lunes

Lo siguiente era atrapar un mirlo; una tarea relativamente fácil en invierno, cuando los setos no tenían hojas y el hambre hacía que se acercasen mansamente a por migajas de pan, pero no tanto en la profusión y lo salvaje del final del verano. No se me ocurría ninguna forma que funcionase seguro salvo la liga,* que era ilegal. De hecho, casi todo lo que concernía a la cetrería era ilegal: nuestros legisladores modernos, ocupados en aprobar leyes para criminales urbanos, se habían olvidado del todo, o nunca habían escuchado, de la doma de rapaces. La mitad de las cosas que hacíamos estaban prohibidas por leyes recién aprobadas para restringir actividades muy diferentes; la otra seguía sujeta a leyes aprobadas antes de la reina Isabel, que nadie se había molestado en abolir. Me parecía, por ejemplo, que según una de estas últimas era legal que cazase con el azor en la propiedad de mis vecinos sin pedirles permiso, mientras que según otra del anterior grupo apenas podía cazar con rapaces. Dado este estado de confusión, consideré mejor no conocer ninguna ley e intentar ser lo más humanitario posible.

Llevé a Gos a Silston, el pueblo donde había más cazadores furtivos de la zona y, por tanto, el que más sabía sobre pájaros y bestias, y allí hice mis pesquisas sobre la liga. La

---

* Sustancia oscura adhesiva con la que se untan unos árboles dispuestos en círculo para que las aves queden atrapadas. Constituye un método ilegal de caza. *(N. del E.)*

segunda persona a la que le pregunté, tan solo un viandante desconocido que pasaba el rato y había entablado conversación conmigo sobre las bondades de Gos, fue tan amable como para seguirme dos kilómetros en bicicleta para traerme un folleto que anunciaba una firma que vendía este producto. Al parecer, era ilegal usar liga, pero no anunciarla o venderla. Sin embargo, opté por otra vía.

Había un bote de cola en mi carbonera, cola que había usado para las paredes del piso de arriba. Se mezclaba…

¿Pero para qué definir estas mezclas interminables? Aceite para motores, cola, parafina, agua; mezclé estos líquidos y cualquier otro que pudiese conseguir en un hornillo en el jardín. La mezcla se secó y adquirió la consistencia del mármol, y lo hizo en menos de dos minutos. Los tonos iban del negro azabache al caramelo, un desafío no a los pájaros, sino a Miguel Ángel. A las tres de la tarde, al girarme renegando con el corazón triste de este potingue repulsivo, me topé con un conocido, dueño de un *pub*, que pasaba por allí y estaba asomado a la verja del jardín. Pareció que lo enviaba la Divina Providencia, porque tenía un automóvil, y en un santiamén estábamos en Buckingham, donde, en pocos minutos, había comprado una radio nueva, dos palomas domesticadas en vez de mirlos y toda la liga que quise. Obtuve esta última de forma bastante fácil parando a Fulano, que iba en otro automóvil, y pensé que había sido una suerte haberlo invitado en una ocasión a un trago en el Swan and Castle. Adiós a la ley y el orden.

El día degeneró en cerveza, discusiones y partidas de dardos y bolos en numerosos *pubs* rurales. Después fuimos a casa y estuvimos discutiendo hasta las doce y media de la noche. Dado que (me di cuenta a la mañana siguiente) el dueño del *pub* discutía sobre los perros de caza de Grafton y yo sobre la licencia para vender alcohol, no llegamos a ninguna conclusión concreta.

A lo largo de este día desmedido y malgastado, había intentado de vez en cuando que Gos tolerase que lo llevara lentamente en la bicicleta e hice lo que pude para amansarlo ante los automóviles haciendo que mi amigo condujese a nuestro lado con la primera marcha puesta, hablándonos a través de la ventanilla. No obstante, estaba reduciendo la presión que ejercía sobre el azor, pensando que el trabajo estaba casi terminado, y eso me traería problemas.

Martes

No soy capaz de entender por qué no terminó todo aquella mañana. Era un hombre malvado y un borracho, y solo me quedaba suponer que Dios permitía que la gente así prosperase en exceso.

Gos se había vuelto engreído, como resultado de aquel buche lleno después de volar noventa metros por primera vez y de la fiebre actual por los gavilanes que, entre otras cosas, hacía que lo ignorase, de forma que le había dado muy poco de cenar el lunes por la noche. Esta mañana fui a buscarlo a la halconera con un pedacito de ternera y, suponiendo que estaba famélico, lo llevé directamente al pozo con un fiador de cuarenta y cinco metros. La idea era concentrarme en que viniese rápidamente, sin vacilar, y no tanto desde lejos, atándolo con un fiador de la mitad de longitud para que viniese cada hora a por un trozo de ternera, que no le daría a menos que lo hiciese presto.

Lo posé en el pozo, até el fiador, y estaba silbando *El Señor es mi pastor* cuando la señora Wheeler apareció en el camino que llevaba hasta la granja en un automóvil. Dejé al azor y fui hasta ella para hablarle de la nueva radio. Gos no puso objeciones, porque, mientras iba, miraba hacia atrás. Empezamos a conversar. Nos despedimos tras cinco minutos, y corrí delante del automóvil para abrir la siguiente verja; después, me giré para regresar al pozo, a unos noventa metros. Había recorrido ya la mitad de esta distancia cuando me di cuenta de que Gos no estaba sobre la barandilla.

El arranque del automóvil y ver a su amo corriendo delante de este debían haberlo molestado. Había volado hasta extender totalmente el fiador y estaba en ese momento posado en la parte más alta de un imponente roble que no tenía ramas en los primeros tres metros. Se las había arreglado para enredar el fiador en las ramas y estaba serenamente posado en una especie de capullo hecho de cordel.

Recurrí al himno, mientras agitaba la ternera y un pañuelo. Como un estúpido, traté de tirar del extremo del fiador que estaba atado al pozo. Debería haberlo desatado, haber molestado a Gos para que se debatiese en el árbol sin nada que lo sujetase y haberlo recogido cuando bajase al suelo. Sin embargo, hice lo contrario, que me resultó más natural, y esto provocó que se debatiese y el capullo se hiciera inextricable. Un detalle que empeoraba considerablemente la situación era que el fiador, de cordel alquitranado, había resultado ser de mala calidad, sin apenas elasticidad. Ya se había roto dos veces a pesar de la goma elástica.

Fui a por una escalera y pedí ayuda al hijo de mi vecina, William. La camisa blanca de William, que no llevaba chaqueta, y la escalera desconocida complicaron el enredo. Gos estuvo cinco minutos colgado cabeza abajo por las pihuelas y se rompió una de las plumas caudales por la vieja banda de estrés. La escalera no llegaba hasta la primera rama.

Incluso si hubiese sido capaz de trepar el árbol, lo cual intenté, habría tenido ya que cortar prácticamente todas las ramas del lado oriental, en las que estaba enredado el fiador, y la ruina subsiguiente casi seguro habría hecho trizas al desventurado azor.

Fui a buscar una caña para pescar salmones de cinco metros de largo, até algo de ternera a la anilla superior y, de puntillas, fui capaz de ponerla justo a su alcance. No reaccionó; o, mejor dicho, reaccionó de la manera más exasperante en que podía hacerlo, con una indecisión torpe, como la de un pollo. William estaba ocupado atando dos escaleras para que yo subiese por ellas, aunque el artefacto resultante parecía más bien una trampa mortal.

Debimos de estar así durante una hora y media, cuando se me ocurrió poner un gancho para cuadros en la anilla superior. Gracias a él conseguí enganchar las pihuelas y bajar a Gos.

Se debatió cuando lo recogí y se posó en el puño hecho un desastre incluso mayor que antes. Me miraba enfadado como si hubiese sido culpa mía. Le dije: «Ya está, Gos, querido, no te ha pasado nada. Qué chiquitín más tonto que eres»; y añadí, con la más dulce de las entonaciones pero con total sinceridad: «Condenado cabrón».

Miércoles

Parecía que había dos texturas que evolucionaban en paralelo hacia el silencioso clímax de esta semana. El nuevo e insensato El Dorado que eran los gavilanes estaba sujeto a estados de ánimo aparentemente opuestos; la conquista de Gos, que ya casi había culminado, había resultado ser demasiado fácil y era, por tanto, demasiado difícil. La relajación en una tarea que hasta entonces había parecido prácticamente imposible de conseguir me había hecho afrontar sus verdaderas dificultades y no me había dejado la suficiente fuerza como para hacerles frente sin deprimirme.

Nadie querría ser azorero. Nada podría expresar el cansancio de tratar con la más grande de las rapaces de bajo vuelo, el desánimo constante en este, el menos fácil de los deportes. Me había aventurado en él a ciegas, me decía, y ahora no lo odiaba, pero dejaba caer las alas ante él, como Gos había hecho cuando estuvo de guardia tres noches. Hacía ya seis semanas que tenía que enfrentarme con las atormentadas pupilas de este lunático, media desde que voló noventa metros con el fiador sin problemas. Había vivido con este azor, sido su esclavo, carnicero, niñera y lacayo. Yo había hecho los ropajes que vestía; yo barría y mantenía limpia la casa en la que vivía; yo mataba, evisceraba, descuartizaba y servía la comida que comía; las excursiones que hacía las hacía en mi puño. Durante seis semanas había pensado en él hasta altas horas de la noche y me había levantado temprano para llevar a cabo mis ideas. Nunca le había levantado la voz, ni le había hecho daño, ni lo había sometido a la extrema tortura que merecía. Me había vuelto medio pájaro, había depositado mi amor, mi atención y mi sustento en su futuro, y le había dado rehenes a la fortuna tan locamente como en el matrimonio y la familia. Si el azor moría, casi todo mi yo presente lo haría con él. Llevaba dos días tratándome como si fuese un enemigo brutal y peligroso al que nunca había visto antes.

Por entonces, no sabía que esto era una situación común con los azores, que incluso los mejores siempre sufrían de cambios de ánimo y locura. Su adiestramiento nunca terminaba, el peligro de perderlos en el campo nunca desaparecía. Pero, tras haber trabajado con incesantes benevolencia, precaución y confianza; tras haber trabajado así durante seis semanas sin saber qué pasaría; tras esto, averiguar de pronto que, como supuse, todo ese trabajo podría no haber servido para nada, que algún fallo mío, uno que ni siquiera recordaba o comprendía, había hecho que el imbécil hubiese vuelto al manicomio, hacía difícil reaccionar de otra forma que no fuese agachando la cabeza. A veces podría haberle retorcido alegremente el cuello, haberlo partido por la mitad con un placer activo y gruñidos graves y feroces de lascivo regocijo o haber golpeado su cabeza contra la verja de la entrada. Pero hoy solo me hundí, solo lo odié y reconocí mi incapacidad.

> El hastío de una vida desganada
> que no quiere subir la colina empinada;
> la necesidad del alma de dormir y quedar postrada.
> Y de nuevo el minúsculo puño apasionado
> que se cierra contra el cielo desafiante;
> el orgullo victorioso, el protagonista condenado
> que pelea contra el fantasmagórico gigante.[*]

Volví a enfrentarme a ello, abandoné el uso de la trampa para gavilanes hasta una ocasión más propicia y le volví a dedicar toda mi atención a Gos. Después de un largo día de llevarlo en el guante, trabajar con el fiador y haberle sustituido la comida por carne limpia, me senté por la noche a analizar el progreso de seis semanas. La actividad del día había hecho que el azor volviera a comportarse con norma-

---

[*] *Everyman* [Todos los hombres], poema de Siegfried Sassoon (1886-1967), escritor y poeta británico famoso por sus poemas antibelicistas, que escribió tras su experiencia como oficial del Ejército británico en la Primera Guerra Mundial. *(N. del E.)*

lidad e hice una lista con el debe y el haber, como Robinson Crusoe en su isla.

Me dejaba acariciarle las patas, el buche, el pecho y el vientre. Iba sobre mi puño mientras montaba en bicicleta, siempre y cuando no fuese rápido colina abajo. Toleraba aceptablemente bien el tráfico en los caminos y a otra gente; no obstante, no podía asegurar que no se debatiría. Volaba noventa metros con el fiador, pero no tan rápido como debería. No me dejaba acariciarle la espalda ni la cabeza.

Miré la lista y extraje conclusiones. El diablo me susurró al oído. Podía permitirme tomarme el día libre mañana y probar suerte con los gavilanes. La trampa había estado allí lo suficiente como para que se hubiesen acostumbrado a su presencia.

Jueves

El despertador sonó con su tono histérico antes de despertarme a las cuatro. Al ver que estaba oscuro, concluí que se había equivocado y me di la vuelta para seguir durmiendo. A la mitad del giro me levanté y empecé a pelearme con la ropa. Sonámbulo, ajeno a mí mismo dado que tenía los centros nerviosos atontados, obedecí al extraño que había sido ayer, de forma automática. Las pesadas botas de puntera metálica, con sus cordones de cuero; la bolsa con los bocadillos y los termos de café que había preparado la noche anterior; la botella de cerveza; el jersey oscuro de cuello vuelto y el impermeable también oscuro, porque iba a llover; las dos palomas vivas de la tahona; el carrete de sedal resistente para truchas, que activaría la trampa; el calcetín en el que metería de cabeza al gavilán tras capturarlo; el bolsillo lleno de maíz y avena. Hecho un dócil monstruo de Frankenstein, torpe y a oscuras, me obedecí a mí mismo lenta y cuidadosamente; encerré a Brownie en el salón y salí a la noche dando traspiés, con una paloma en el bolsillo y otra posada con sueño en el dedo atada con falsas pihuelas.

Anoche las nubes estuvieron amontonadas en lo alto del cielo, y ahora habían bajado a la tierra. La niebla era estratos a ras de suelo y la luna escondía su cara angustiada con disminuido poder. El monstruo anduvo metódica y lentamente, con pesados pasos, dejando los bultos en el suelo para pelearse con las verjas; era un Calibán rodeado por la niebla y bajo la luz de la luna, que andaba con esfuerzo sus tres kilómetros en solitario. Nada se despertó, ni un búho, ni un zorro. Dos o tres vacas se levantaron cuando pasó entre ellas.

Habíamos hecho la paranza en un sitio donde los de Silston habían talado uno o dos meses antes, de forma que los trozos de madera que yo había puesto se confundirían de forma natural con el fondo de astillas y ramas apiladas. Estaba a diez metros de la trampa, y todo estaba como lo dejamos.

Até la paloma menos favorecida al aro de metal, extendí el sedal desde la trampa hasta la paranza (y, para mi consternación, el carrete repiqueteó como de costumbre, cosa que debería haber tenido en cuenta), esparcí algo de maíz alrededor de la trampa para mantener a la paloma ocupada y me metí en mi escondite. Ya empezaba a amanecer, y los gavilanes (experiencias posteriores me hicieron dudar de si esos sonidos no los habrían emitido mochuelos) estaban en el aire. Oía sus gritos cortos de llamada y respuesta, y puede que me vieran; era por miedo a eso que había venido tan temprano.

Durante las siguientes catorce horas tuve que permanecer en un espacio de menos de dos metros por uno, y fue en vano. Durante las últimas tres, la lluvia me empapó el cuello y me bajó por las mangas. Era imposible ver el cielo, porque este me habría visto a mí, y tenía que juzgar la cercanía de los gavilanes (definitivamente no eran mochuelos) por sus chillidos; era imposible fumar, leer o hacer ruido alguno. Racioné mis bocadillos, hice una pequeña fragata de tres palos de avellano con la navaja y observé el señuelo. Al verme solo y no estar acostumbrado al hombre, un ratón de campo se acercó a comerse mis galletas, y pronto cada uno tiraba de un extremo de una de ellas. Una paloma silvestre se posó en el techo y se alejó volando con estrépito cuando le di un golpecito en la barriga, una broma inocente y que consideré perdonable. Una hembra de mirlo solitaria se comió el maíz. La otra paloma, que había estado posada en mi dedo con aire de querer contarme un secreto, aceptó ser mi amiga. Aflojé un poco las pihuelas, que le apretaban las patas demasiado.

Catorce horas, y después, calado, hice todo el ruido del mundo: cubrí algunos sitios poco poblados del techo, trabajé en la trampa, la dejé lista y la volví a cubrir con hojas muertas, até una lonja larga a la paloma sacrificial y la dejé en un árbol junto a la trampa. De esta forma, esperaba que ningún zorro pudiese llegar hasta ella, dado que la lonja le daba libertad suficiente para posarse fuera de su alcance, y que los gavilanes se acostumbraran quizá a su presencia o incluso la mataran antes de mi próxima visita, y así aprendieran que en aquel sitio había comida asegurada. La dejé con abundantes maíz y agua, porque ese día estaría sola, y volví a atar las pihuelas para que no le hiciesen daño en las patas.

Mientras daba de comer a Gos en casa, y al perro, y comía yo también, me puse a pensar en el trabajo del día. Parecía que todo era conjetural. A lo mejor no eran gavilanes; a lo mejor esta no era la forma de atraparlos; a lo mejor, como se suponía que hacían los zorros, no mataban cerca de su hogar. Ciertamente, la próxima vez que hiciese mi siguiente devota guardia, tendría que ir más temprano y de forma más silenciosa, sin carrete, dado que todo dependía de que no me vieran entrar en la paranza. Tom había apostado treinta y tres a uno a que no atraparía nada; me dijo que las rapaces veían a través de una pared de ladrillos.

Viernes

Llovía tanto, tanto llovía sin perspectivas de volver a ver un verano decente jamás, que pasé el día en casa con Gos, exceptuando una visita a la paloma atada que estaba en el bosque. Esta parecía mantener el confuso buen humor de las palomas domesticadas.

Gos odiaba que lo llevase conmigo bajo la lluvia y tenía que aprender todavía que que le acariciase con la mano desnuda la cabeza y la espalda no era ningún ultraje. Decidí enseñárselo en la cocina, al son de los acordes que salían de la radio, recompensándolo con un pequeño trocito de ternera tras cada familiaridad. Había algo que debía reconocerle: su genuino amor por la música. Estaba posado totalmente en trance, confiriéndole toda su atención a la extraña caja y mirándome mientras jugueteaba con los diales. Fue una visita exquisitamente educada; el águila estaba posada cortésmente en la pieza del campesino mientras compartía su humilde entretenimiento.

Lo acariciaba y pensaba. Todo el asunto era un insomne problema social, un incesante «¿Qué debe hacer Fulano ahora?» que el Colón tenía que afrontar tras cada paso.

Unos días atrás, por ejemplo, Gos estaba posado en el arco mientras yo empalmaba una percha al manillar de la bicicleta. Tras escuchar un súbito ruido, miré a mi alrededor y descubrí que se había calado sobre una musaraña lo suficientemente inocente como para entrar dentro del radio de su lonja. Se la estaba comiendo.

En el tiempo que tardé en ponerme el guante y dar seis pasos tuve que hacer frente a los siguientes hechos: a) Gos se había llenado el buche la noche anterior y quizá no estaría lo bastante hambriento como para aprender nada esa noche si se comía la musaraña; b) si se la quitaba, quizá «sopesaría» más adelante («sopesar» era el acto por el cual una rapaz adiestrada se retiraba con la pieza que había cazado. Celosa de su comida, de malas maneras y con la sospecha de que querían quitársela, la cogía con las garras y se alejaba volando ante cada acercamiento del azorero); c) no obstante, Gos no debía asociar la comida con su propio e independiente esfuerzo personal, sin mi ayuda.

Lo había resumido brevemente. No podía quedarme sin hacer nada debido a c); no podía quitarle la musaraña debido a b); y no quería que se la quedase debido a a). Había decidido romper la cadena por el eslabón más débil. Me había acercado a él, cogido la musaraña con la mano, le había ayudado a comer y, dado que había supuesto más un estorbo que otra cosa con un bocado tan pequeño, le había dado de inmediato un pequeño trozo adicional de hígado de conejo del portapicadas. De esta forma, esperaba haber empezado a enseñarle que, tras haber cazado a su presa, se beneficiaría de dejarme intervenir.

Entonces, al recordar este dilema mientras le acariciaba cuidadosamente la tensa base de la nuca, me hizo gracia acordarme de un problema similar que había sufrido. Cuando compré a Gos también pedí un esmerejón, que esperaba usar para cazar alondras. Estos se amaestraban a lo «campestre», es decir, se les permitía volar libres durante los primeros quince días, y solo iban a la halconera para sus dos comidas diarias. Esto, por supuesto, se aplicaba solo a los esmerejones niegos o capturados en el nido que todavía estaban aprendiendo a volar, no al adulto silvestre que caía en una trampa. Los esmerejones eran pequeñas criaturas confiadas (se los solía considerar la rapaz para las señoras) y el que yo había comprado se había caído junto a la percha de un azor el mismo día en que me lo iban a enviar. El azor lo había matado.

Me pregunté entonces si el cetrero estuvo presente y si el azor estaba todavía siendo adiestrado como Gos. Si así fue, ¿ayudó el cetrero a su azor a comerse a su esmerejón? Era una buena pregunta.

El ambiente de la cocina era soporífero, debido a la música y la lluvia que caía fuera. Estaba acariciando a un asesino, a un salvaje. Gos sabía que el uso de la fuerza siempre había estado bien; que los vikingos mataron a los dos últimos reyes de Northumbria porque el barco de Gokstad podía atravesar el mar con fuerza; que Guillermo tuvo caballería en Hastings igual que Eduardo III tuvo arqueros en los flancos de Crécy; que los magnates de la prensa del año sobre el que escribía tenían razón con respecto al rearme a pesar de lo que decía el *New Statesman*. Era una verdad triste, pero todavía vivíamos en la Edad Media. El *New Statesman* era, desafortunadamente, un órgano platónico, que creía en la lógica, en «el bien y el mal» y en un mundo de ideas en blanco y negro. Hitler y Mussolini, Gos y el indomable cernícalo villano, focas que se alimentaban de salmones y salmones que se alimentaban de arenques que se alimentaban de plancton que se alimentaba de alguna otra cosa; todos ellos sabían que Dios había ordenado el mundo de forma que solo una cosa estuviera bien: la energía para vivir matando y para procrear.

Desdichado, oscuro e inmoral azor; yo mismo había sido víctima de su brutalidad. No tenía un pico formidable, pero en sus garras acechaba la muerte. Podía matar a un conejo con ellas simplemente aplastándole el cráneo. En una ocasión, al pensar que le iba a quitar la comida, me agarró el índice desnudo. Fue una detención ordenada por el Banco de Inglaterra, una dolorosa impotencia, un arresto al grito de «deténgase» por parte de una policía omnipotente; solo me habría hecho mucho daño si hubiese tratado de zafarme, y ya me dolía mucho. Sujetó el guante con una garra, mi índice desnudo con la otra, tan firmemente que solo me habría quedado una forma de escapar, partiéndolo por la mitad. Me habría despellejado completamente el dedo de haberlo hecho, como un cable al que se le ha quitado la goma aislante. No por coraje, sino por necesidad, permanecí tranquilo y sin protestar, hablándole con calma hasta que me soltó.

Un maníaco homicida; pero ahora le gustaba que lo acariciase. Volvíamos a estar enamorados.

Sábado

Fue otro día en el que no paró de llover y la radio murió de golpe. No había nada que hacer hasta que se le pusiera una pila nueva, y luego llevaría a Gos a la cocina y le dejaría escuchar su música como antes. Caminé dos o tres kilómetros para encargar la pila por teléfono y después pensé en matar el tiempo hasta que llegase pintando el enmaderado del pasillo de la entrada. Pero téngase en cuenta lo siguiente: para que Gos estuviese tan cómodo como fuera posible entretanto, abrí la puerta de la halconera y até cinco metros más de cordel alquitranado entre el final de su lonja de cuero y la anilla de la percha de la halconera. Puse el arco en el suelo justo fuera de la puerta. Así, dado que ahora tenía unos seis metros de margen de maniobra, podía volar hasta el arco para tomar el aire cuando dejase de llover o volver a la percha interior cuando la lluvia le incomodara las plumas. Me dispuse a trabajar.

Tras acabar con el pasillo, pensé en darle al suelo de la cocina la mano de azul que había necesitado durante tanto tiempo, pero la pintura azul estaba en una esquina de la halconera. Fui a buscarla, como antes había hecho con la roja para el pasillo. Me di cuenta de que el mal tiempo y mis tareas debían haber puesto a Gos de mal humor, porque se debatió cuando entré a por la pintura y, al estar atado con un cordel largo, voló directamente a las vigas. No le presté mucha atención, sino que continué mi búsqueda de la pintura, mientras que Gos, que cambió de opinión acerca de las vigas, salió volando por la puerta hacia el arco del jardín. Evidentemente, prefería ni siquiera compartir habitación conmigo hoy, dado que me negaba a darle toda mi atención. Recogí la pintura y salí por la puerta. Gos no estaba en el arco. Miré a mi alrededor. No lo veía.

No recuerdo que el corazón me dejase de latir en algún momento concreto. El golpe me dejó aturdido, tan tajante después de seis semanas de fe constante que el hecho de que no podía ni concebirlo lo suavizó. Fue, en cierto sentido, como morir, algo demasiado vasto como para doler mucho o incluso para molestar. Vi el extremo del cordel en el suelo, sin la lonja atada. Se había roto limpiamente. Gos se había ido.

Gos, bajo la lluvia y el huracán, se había ido. Ni siquiera sabía adónde. Se lo dije a mi vecina. Salí con un señuelo de conejo muerto y me puse a andar sin convicción en todas direcciones entre los árboles, silbando *El Señor es mi pastor,* estupefacto. Fui de árbol en árbol en un radio de noventa metros, pero principalmente a favor del viento, mientras silbaba y trataba de pensar. Lo mejor era permanecer tranquilo; recordar, si era posible, qué consejo me habían dado los libros en caso de emergencia, si es que había alguno. Fracaso. Mi sustento había dependido de escribir sobre él; pero eso se había acabado.

Iban a favor del viento; sin embargo, por otro lado, el pozo en el que siempre había comido con el fiador estaba en contra del viento. Di dos vueltas alrededor de ese grupo de árboles. Era mediodía, la hora del almuerzo.

Si tan solo fuera capaz de transmitir lo vano de mi empresa, los cien mil árboles, el azor no del todo amansado. Me fui a comer, pensando que sería mejor descansar un poco, estar tranquilo, pensar con calma. Quizá recordaría algunas instrucciones sencillas de alguno de los libros. Con un libro abierto frente a mí, empecé a comer. Pero era imposible. Como sabía que mi vecina iba a ir a Buckingham, pensé en pedirle que comprase unos filetes de ternera que pudiera usar como señuelo. Salí sin terminar de comer y até las partes que me quedaban del conejo al arco, en la halconera y al pozo. Entonces, me acerqué a pedir a la vecina que me comprara ternera.

Acababa de salir por la puerta cuando oí un grajo que graznaba a un árbol. Volaba en círculos alrededor de la copa, a unos doscientos metros en la dirección del viento, maldiciendo. Corrí en esa dirección de inmediato, y allí estaba Gos. Estaba posado en la punta de la rama más alta, confuso, obstinado, demasiado mojado como para volar, e irradiaba indecisión.

Me quedé allí bajo la lluvia torrencial, sin sombrero ni abrigo, durante media hora, sosteniendo un trozo de hígado y un pañuelo a modo de señuelo. Gos se negaba a venir.

El viento tempestuoso soplaba racheado, cada vez con más fuerza, hasta que se hartó. Casi convencido de bajar conmigo, sacudió las alas, pero empezó a revolotear en una corriente que sopló justo en el momento erróneo y, a pesar de balancearse en el aire, se lo llevó el viento. Corrí, tratando de seguirlo, mas el viento húmedo era demasiado fuerte.

Tres horas más tarde estaba bastante seguro de su posición, porque había oído cómo se quejaban mirlos, urracas y grajos en un área concreta, aunque no lo veía. Volví a casa para pensar y conseguir ayuda.

A las seis volví al lugar donde había sospechado que se encontraba, pues sabía que seguiría allí debido a la lluvia. A las rapaces no les gustaba volar cuando estaban caladas. William vino conmigo, mi ayudante en este momento de necesidad. Le encargué que vigilase varios lugares clave desde los que se podía ver un amplio horizonte, mientras yo daba vueltas silbando. Muy pronto lo localizamos en la copa de un árbol en medio del bosque. La vegetación era espesa, casi impracticable. Me adentré y dejé a William encargado de vigilar el exterior en caso de que el azor se alejase volando de nuevo fuera del limitado campo visual que me ofrecía la espesura. Desde entonces hasta las ocho supe dónde estaba, en todo momento. William volvió a por la paloma domesticada, la usé entonces como señuelo e hice, desesperado, que la pobre criatura batiese las alas y finalmente volara atada a un fiador. Gos empezó a abatirse sobre la paloma, pero se apartó cuando el fiador la retuvo; repitió la maniobra varias veces, sin mucha convicción, lo cual hizo que fuese de árbol en árbol con un movimiento pendular. Si tan solo hubiese seguido con esta estrategia, lo habría atrapado: pero no toleraba esta brutalidad. Conocía a esta paloma; había estado posada en mi dedo; no podía soportar más lanzarla al aire y bajarla de golpe, aterrorizada y exhausta.

La luz del día empezó a apagarse y dejé de molestarlo. Era posible llevar a cabo otro plan, que dependía de conseguir que se quedara posado en un solo árbol. Si lo conseguía, sabía que podría volver a medianoche con una cuerda, una escalera, la caña de pescar salmones con el gancho y una linterna eléctrica. Probablemente podría atraparlo así, medio dormido, deslumbrado y con otro estado de ánimo. Antes, había estimado que mis probabilidades eran de muchos miles a uno.

Conseguí que William y Graham Wheeler, que había aparecido entretanto, se fueran bajo no sé qué pretexto. Era importante que la única persona que disfrutaba de alguna confianza por parte de Gos se quedase sola con él mientras se quedaba dormido. No se lo dije a los chicos.

Me quedé bajo el árbol, silbando, dando vueltas, acostumbrándolo al ajetreo que acompañaría más tarde mi ascenso con escalera y cuerda.

La maldita podredumbre del cordel nuevo, mi insensata estupidez por haberlo seguido usando cuando ya se había roto dos veces y, en ese momento, el fatal entusiasmo de los jóvenes. Graham quería formar parte de ello, no se quería perder la diversión. Puso alguna excusa para volver. Le grité que no se acercara, pero era demasiado tarde. Se fue volando incluso antes de que gritara; una sombra silenciosa e invisible a la luz del ocaso tardío. En el momento en que Gos alzó el vuelo y abandonó el árbol con la caída de la noche, perdí definitivamente su rastro.

Mi última oportunidad con un cincuenta por ciento de probabilidades de éxito, mis pensamientos y mi vida durante seis semanas, mi lunático del Rin; lo busqué durante dos horas más con una linterna eléctrica, pero se había ido.

Segunda parte

Domingo

Pasé dos días abatido, diseñando planes locos e ineficientes y recorriendo con rapidez el campo. En ellos hubo poco dormir y mucho andar, mientras Gos, como una cometa enorme y distante, planeaba a lo largo de un radio de ocho kilómetros entre una nube de grajos furiosos. A veces lo vi desde más cerca; era un antiguo esclavo que disfrutaba de su nueva libertad. Como los padres de Peter Pan, dejé la puerta de su halconera abierta y comida atada a sus perchas; pero los cerdos entraron y se la comieron. Sentí algo extraordinario mientras lo veía dar sus vueltas majestuosas y relajadas, un sentimiento que nunca había tenido antes por ninguna criatura salvaje, y es que sabía qué estaba pensando. Distinguía su estado de ánimo a dos kilómetros de distancia y preveía sus reacciones. Parecía muy feliz.

Esto significaba empezar de nuevo, y en una mala época del año. A las rapaces se las capturaba en el nido cuando eran niegas, para abastecer la pequeña demanda que todavía había. Salían del huevo en algún momento en torno a junio, y no podría conseguir un niego hasta el año siguiente. Había otra forma más de obtener una rapaz: conseguir una pasajera capturada en vuelo en otoño. Eran poco comunes. Antiguamente, cuando todavía se podía brindar con el gran brindis del cetrero («Brindemos por aquellos que disparan y fallan»), hubo un pueblo en Holanda que vivía solo del comercio de halcones y otras rapaces. Estaba al borde de un brezal situado justo en medio de una de las grandes rutas migratorias de los pájaros; el brezal prestado su nombre de las rapaces que seguían a los pájaros, y el pueblo recibió el mismo nombre. Valkenswaard: el brezal de las rapaces; tenías que decirlo en voz alta para escuchar su musicalidad. Allí, las familias tradicionalmente cetreras habían yacido en sus paranzas para capturar a estos adorables pájaros salvajes, con increíbles ingenio y paciencia, y allí tenía lugar una gran feria, a la que los azoreros y halconeros de principados y gobiernos acudían a comprar rapaces adultas, a menudo por grandes sumas en la subasta pública. Ya no quedaba nada. Mollen, el último representante de un oficio noble y antiguo, dejó de capturar pasajeros hace diez años: el brezal fue destrozado, la cadena, rota. Los hombres del duque, los del príncipe, los del rey, que se congregaban en la gran feria, cetreros de rostro enjuto y mirada preocupada que, como el Latham que describió David Garnett, estaban listos para «alejarse al galope con una expresión atormentada»; ellos y los cazadores de rapaces con sus siglos de experiencia en ser pacientes, astutos y benévolos (nadie podía ser el amo de una rapaz sin benevolencia) y la misma razón de ser del nombre de aquel pueblo cerca de Eindhoven; todos, como mi Gos, habían desaparecido.

Esto era lo que ocurría en el mundo. Las cosas viejas perdían fuerza y caían en el olvido; no siempre porque fueran cosas malas, sino porque a veces las cosas nuevas eran peores y más fuertes.

Mientras tanto, yo seguía con mi único problema. Ningún azorero que se preciase querría comprar una rapaz adiestrada por otra persona; ya no era temporada de niegos; los pasajeros eran una rareza, probablemente una demasiado cara para mí, y quizá no recibiera respuesta a mis peticiones para obtener una de estas criaturas en Inglaterra, Escocia, Holanda y Alemania. Parecía que solo podía hacer dos cosas. Una era atrapar a Gos de nuevo de alguna forma, y la otra era atrapar a alguno de los dos supuestos gavilanes del bosque de Three Parks.

Dejo a un lado los ardides y artimañas de dos días miserables y me centro en contar aquellas cosas que parecían afectar al futuro. Si Gos no se quedaba antes enganchado en un árbol por las pihuelas y colgaba así hasta morir después de cuarenta y ocho horas de maravillosa felicidad, intentaría establecer qué ruta recorría a diario. Supuse que, como los cernícalos, tendría una. Si así era, haría una trampa para él consistente tan solo en una docena de plumas y un poco de sedal; se había acabado el cordel. También había empezado a fabricar una paranza portátil con una manta militar que había comprado, había empapado y en la que había plantado berro y mostaza. Si crecían de forma satisfactoria, podría yacer bajo una capa de hierba junto a la trampa. Puede que funcionase.

Otra cosa importante era la cuestión de los gavilanes. Me había levantado cada día para ir a ver a la paloma que hacía de señuelo para aflojar sus pihuelas y cambiarle la comida y el agua. Ayer le puse una nueva percha alta desde la que era menos probable que enredase la lonja. Hoy la encontré muerta. Tuve que examinar detenidamente la escena de la tragedia para averiguar qué la había matado. En primer lugar, la lonja no estaba enredada con nada, de forma que no parecía probable que se hubiese quedado enganchada a ras de suelo y la hubiese matado así un zorro; su cadáver tampoco estaba bárbaramente devorado. Algo le había picoteado con cuidado las plumas del pecho y le había arrancado limpiamente la carne de una pata. La habían eviscerado. Todo esto apuntaba a algún tipo de rapaz. Por otro lado, había algunos detalles inquietantes. Se habían comido toda la cabeza, y parecía que parte de las vísceras también. Eso no me pareció en aquel entonces característico de una rapaz; pensé que el hecho de que la cabeza hubiese desaparecido completamente apuntaba a un zorro o a un roedor (aunque el pecho desplumado descartaba esa posibilidad) y que el hecho de que se hubiesen comido las entrañas apuntaba a una corneja negra. Esta última, desde luego, y especialmente dado que también se habían comido la cabeza (aunque a las rapaces les gustaban los sesos), parecía la opción más probable. En cualquier caso, me merecía la pena albergar la esperanza de que quizá había sido uno de los gavilanes. Si así era, volvería mañana a las tres de la mañana con una nueva paloma para esperar durante todo el día (había comprado dos más, por lo que podría salvar a mi amiga, la que había tenido posada en el puño).

Sin embargo, daba igual, porque nada sería nunca tan perfecto como Gos. El insigne e ilustre señor Gilbert Blaine, cuyo libro atesoraba, me había confesado en una carta que no le gustaban los azores. El temperamento lunático y desconfiado de estas aves lo había distanciado de ellas, como pasaba con casi todos los cetreros. Quizá, yo había querido a Gos por esta razón. Siempre me habían gustado los incorregibles, los intocables, los desamparados. Y había sido difícil. Por cada minuto que había mantenido la paciencia durante una pelea, mi comprensión por él y mi extraño cariño por su locura valiente y, de alguna forma, patética habían crecido imperceptiblemente. Me sentía solo sin él, y a ratos me descubría pensando en qué estaría haciendo en ese momento.

Después de todo, había tenido razón en resistirse hasta el final; en ser consciente, hasta mucho tiempo después de que cualquier halcón se hubiera rendido (se podía adiestrar a dos o tres halcones en el tiempo que se tardaba en adiestrar a un azor), de que yo era una fuerza antinatural. ¿Por qué debería él, un salvaje principillo de origen teutón, someterse a una cautividad forzada? El pequeño e intransigente saqueador me había odiado y había desconfiado de mí. Había tenido el coraje de rebelarse ante el amor durante tanto tiempo. Esperaba que aquel bárbaro ingobernable pudiese romper las pihuelas sin hacerse daño y que viviese una vida muy larga y feliz en el mundo salvaje; a menos que pudiese capturarlo de nuevo para que fuese mi compañero, uno al que nunca me atrevería a volver a tratar como un cautivo. Merecía ser libre, pero aun así quería que estuviese conmigo. «El amor solo busca satisfacer sus deseos / y retener a alguien para su consuelo; / disfruta con la incomodidad de sus reos / y construye un infierno en el mismo cielo».*

Lunes

Se decía que un pasajero era lo que un caballo de carreras a un jamelgo. Salvaje, bien alimentado, de buen aspecto, noble; era lo opuesto al poco elegante niego que, tras haber sido capturado en el nido, había dependido de los torpes cuidados de un ser humano para su dieta y aseo. Aquí no había plumas rotas ni plumaje de mal aspecto ni educación torpe y desaseada. La educación natural le había conferido unas perfectas elegancia y sensibilidad; él, mediante su pico

---

* Cita del poema «El terrón y el guijarro», del inglés William Blake, recogido en su obra *Canciones de inocencia y de experiencia,* publicada en 1794. *(N. del E.)*

curvado y súbitos agarrones, había aprendido a ser un caballero natural, un gastrónomo, un noble seguro de sí mismo, como nosotros habíamos dejado de hacerlo debido a la civilización. Confiada en sus capacidades, inefablemente astuta sin vil recelo, optimista, de mente y cuerpo en plenitud, esta era la criatura contra cuya personalidad debía enfrentar ahora mi ingenio humano.

El pobre Calibán se levantó obedientemente de la cama a las tres en punto y se sentó con la cabeza entre las manos en el borde. Todo en la pequeña habitación era blanco, excepto el rico color herrumbre de la alfombra de pelo, el edredón dorado y el patrón de conchas marrones de las cortinas. Hasta la perra era roja. Estaba debajo de la cama, donde la había dejado quedarse como concesión especial, a gusto, con más sueño que su amo y sin ninguna obligación de levantarse tan temprano. Tan solo sería una molestia y un peligro en la paranza. La vela brillaba débilmente en la habitación.

Se levantó a las tres, pero a los dedos lentos y todavía dormidos les costó una hora vestirse y recoger el equipo. Fuera llovía con fría persistencia, mientras los dedos de tortuga se peleaban con las grandes botas y las pesadas polainas. Le costó mucho tiempo atarle las falsas pihuelas a un estúpido palomo.

Sin embargo, su lentitud le benefició en la larga caminata hasta el bosque. En lo profundo de su mente silúrica era consciente de la importancia de la circunspección, y, así, cerró las verjas silenciosamente cuando ya estaba a menos de un kilómetro y bendijo a la lluvia tenue que lo difuminaba todo y que luchaba a su lado contra la violenta luz de la luna de la estación. Además, un viento de fuerza creciente enmascaraba sus pequeños ruidos, soplando en dirección contraria al bosque. Caminaba pegado al seto.

Llegaron por fin. Una vez hubo atado al palomo a la anilla con la lonja y preparado la trampa, se tumbó sobre una lona en su cueva protegida con paneles, con la seguridad de que sus maniobras no habían molestado a pájaro o bestia alguno. Durmió durante una hora.

Había una población residente de forma permanente en esta pequeña área del bosque, y ese día se levantaron en este orden: grajo, mirlo, petirrojo, paloma y arrendajo. Con tal reparto pequeño y poco interesante, esta lenta obra dramática con sus prodigiosos entreactos y sus coros propios de Esquilo era la única cosa interesante que podría ver durante catorce horas, enmarcada en un escenario de unos pocos metros cuadrados entre las ramas. El viento del oeste, que sopló cada vez con más fuerza a lo largo del día hasta llevarse la lluvia y convertirse en un huracán, hacía música marina con las ramas de los fresnos para acompañar la obra. Este mismo viento impedía que los gavilanes llevasen a cabo sus labores, y tan solo los escuché dos veces; e incluso entonces, puede que estuviese equivocado.

Las horas llenas de paciencia tuvieron como protagonista a un solo personaje trágico durante todo el día. Como una especie de Casandra, con poca o ninguna libertad para actuar, el palomo yacía sobre su vientre en el centro de la trampa. Un palomo gordo, viril, que en casa había sido enérgico y hablador, permanecía aquí tumbado porque tenía las patas atadas. De haber dado un paso atrás, se podría haber puesto de pie, haberse movido y haber comido en un pequeño y cómodo círculo; pero prefería dar un paso hacia delante, y por tanto tensar del todo las pihuelas, que lo obligaban de esta forma a estar tumbado. La acción dramática consistía en quedarse así y mirar en varias direcciones cada mucho rato. Cada hora, más o menos, alguno de los otros actores cruzaba el escenario sin dirección fija: un humilde acentor que revoloteaba sobre la trampa, o el modesto e independiente mirlo que se mantenía alejado de Casandra. A mediodía el drama alcanzó su clímax. Una urraca entró andando con aire furtivo. Reminiscente en cierta forma de Venecia, de la comedia italiana, esta enmascarada figura de carnaval con capa se coló en el escenario con cautela pero pavoneándose. Polichinela, Pagliacci, estaba condenada a sufrir alguna calamidad; mientras tanto, se contoneaba por el escenario en lo que era una cobarde baladronada. Se le unió otra. Un sol débil, al que permitió brillar el viento, relució gloriosamente sobre el lustre azul de sus alas recogidas. Como eran conspiradoras lamentables y siniestras, con colas puntiagudas en vez de espadas bajo las capas, pronto surgió alguna nueva maquinación dentro de sus débiles cabezas; y para ellas, pero no para mí, la escena se desplazó a alguna otra parte del bosque.

Antes de marcharme por la noche alteré la trampa un poco, de forma que pudiese cerrarla más fácilmente, volví a techar la paranza con ramas más gruesas, até una lona al techo a modo de aislante y me fabriqué un pequeño banco para sentarme con varas de avellano. Estar tumbado encogido todo el día, sin nada que hacer salvo tiritar y observar a Casandra, me dejaba más cansado para sentarme a escribir el dietario por la noche que una caminata de cincuenta kilómetros.

Dejé a Casandra atado con una lonja larga como su predecesora, para esperar acontecimientos.

Martes

El fuerte viento había destrozado los árboles, peinado la hierba y convertido los bosques en un vasto mar durante dos días. El año había seguido su curso, rápidamente y después de una caricatura del verano. Hoy había habido una pizca de norte en el viento, que cambiaba su dirección con el sol, y mañana quizá haría bueno. Pero los mejores días del año se habían marchado.

Todas las nuevas traían pena y desastres. Tras avanzar con dificultad con los binoculares por el segundo círculo de Dante (era aquí donde el viento inmisericorde llevaba a Semíramis y su séquito, que habían cometido el pecado de la lujuria, dando vueltas como grullas), sentarme tras setos para resguardarme del viento y recorrer los senderos enfangados del bosque de Three Parks, hoy no había visto ni a Gos ni a ninguno de los gavilanes. Pensé en todo tipo de posibilidades. Cualquiera de ellas podría ser la causa, pero juntas conformaban la siguiente historia: Gos, en su amplio recorrido, se había encontrado con los gavilanes, que eran más pequeños, y los había matado o expulsado. Después, el viento lo había llevado muy lejos hacia el este, y allí, enganchado por las pihuelas, colgaba boca abajo, posición en la que pasaría hambre y después moriría de apoplejía.

Quizá a los gavilanes no les gustaba volar con tanto viento. Puede que Gos simplemente hubiese migrado. Cualquier parte de la historia podía ser la única causa.

Así pues, aunque era inútil estar en la paranza al día siguiente, sin saber si los gavilanes estaban allí, puede que la tragedia no fuese total. Merecía la pena recorrer con los binoculares un trayecto circular que pasase por Lillingstone Dayrell, Lillingstone Lovell, Whittlebury, Silverstone, Biddlesben y Chackmore, o parte de ese gran circuito. También debería vigilar el bosque de Three Parks durante una hora o así. Si localizaba a los gavilanes, me merecería la pena ir a la paranza de nuevo al día siguiente; pero para ello debía primero asegurarme de su posición, en un día con menos viento.

Casandra estaba intacto cuando fui a verlo (su sexo no alteraba su naturaleza clásica). Se había enredado lo más posible en la lonja y había terminado por refugiarse en un matorral. Deshice el enredo, manipulé las pihuelas, que a pesar de tener un nuevo nudo no le habían apretado las patas en absoluto, lo puse en la trampa (pero con margen para llegar a una percha fuera del alcance de un zorro) y lo dejé continuar con su estúpida guardia. Estas criaturas no me afligían asustándose o siendo conscientes de sus circunstancias. Eran cabezas de turco impasibles e idiotas, que no mostraban sino una locura complaciente.

Después me entretuve haciendo una nueva trampa para gavilanes, fuera del bosque. La coloqué en un tocón junto a un seto, a unos trescientos cincuenta metros del bosque, en caso de que las criaturas (si es que estaban allí) no acostumbrasen a cazar cerca de su hogar. Pensé que las había escuchado cazar en este seto. La trampa, a pesar de ser la primera vez que trataba de construirla, era un método afamado para cazar rapaces en ciertas circunstancias. Funcionaba con un señuelo y se tendía el día después de haber perdido una. Puede que fuese eficaz o no (si es que los gavilanes seguían por los alrededores), pero resultó muy agradable fabricarla y funcionaba muy bien.

Se clavaba una barra de hierro en el suelo junto a un tocón y se ponían unas seis plumas cortas alrededor del perímetro de este. Se ataba un sedal a la barra y se tendía (preferiblemente a través del ojo de un lazo para conejos) rodeando las plumas. El sedal continuaba hasta la paranza, para que el azorero tirase en el momento crítico. Se ataba un señuelo (en este caso, dado que estos eran gavilanes silvestres, ten-

> Azorero escondido en armazón tapado con manta húmeda cubierta de hierba, mostaza y berro, y atada con argollas de fresno

dría que ser un mirlo vivo) al tocón en el lugar marcado con una cruz. Si el gavilán mataba al señuelo y empezaba a comérselo, tenía que tirar del sedal. El lazo, deslizándose sobre las plumas flexibles, se cerraría en un nudo alrededor de sus patas. La altura a la que el lazo se convertía en un nudo podía alterarse atándolo a la barra de hierro más arriba o más abajo. Probé la trampa repetidamente atrapando mis binoculares y finalmente la dejé a una altura en la que, a mi entender, atraparía al gavilán por debajo de la rodilla cuando estuviese posado sobre el mirlo.

Estaba bien construir estas trampas, pero era el vigilarlas durante catorce horas al día lo que ponía a prueba la madera del historiador. Todo cetrero era un historiador, un hombre que consideraba peor el ajetreo de la locura actual que la salvaje decencia de épocas ya pasadas, que se habían quedado atrás porque no habían sido lo suficientemente malvadas para imponerse a la maldad con la que les había tocado coexistir.

No había nada más acerca de lo que mereciese la pena escribir salvo que me había topado con un cernícalo local y había podido familiarizarme con él gracias a los binoculares. Estaba mirando un árbol cuyas ramas superiores estaban muertas por culpa de la hiedra, mientras pensaba que sería un árbol formidable para que se posase una rapaz. A las rapaces les gustaba posarse en ramas altas y muertas, porque desde allí podían ver bien en todas direcciones. Estaba enfocando las lentes para ver bien las ramas más altas cuando se posó allí un pájaro. Lo miré durante largo rato y pensé que no era una rapaz pero que debía serlo. Estaba muy lejos de mí, posado con el cuerpo inclinado hacia delante, mientras que una rapaz se habría mantenido erguida. Mientras me aproximaba, empezó a volar de nuevo y me dio una primera oportunidad para contemplar su vuelo: ciertamente, era una rapaz. Había inclinado el cuerpo para arrostrar el viento. Lo seguí durante un rato, lo bastante como para apreciar con seguridad su aire bermejo y sus maneras de soltero, y para tener cada vez más claro que las criaturas que intentaba atrapar en el bosque eran verdaderamente gavilanes. La forma más fácil de distinguir a un cernícalo parece ser su solitaria humildad. Al contrario que la pareja de cazadores y bandidos del bosque, efectuaba su vuelo circular a poca altura en solitario, monástico. Linneo, por cierto, denominó al pinzón vulgar *Fringilla coelebs,* porque las bandadas de machos se separaban de las de las hembras después del otoño.

Al reflexionar sobre estas bandadas, y siguiendo un poco más con mi línea de pensamiento, me di cuenta de que mi ilustre tocayo de Selborne definió el 15 de septiembre en su *Naturalist's Calendar* con un breve: «La hiedra crece, los estorninos se congregan». Y lo hacían. Los estorninos y zorzales reales ya estaban congregados, como los grajos, haciendo así que muchos cazadores miopes se preguntaran si los segundos no eran bandadas de perdices. Es importante el verbo que usó: los estorninos «se congregan». Daba pie a reflexionar sobre el hecho de que los estorninos habían estado sobre la faz de la tierra desde mucho antes que el hombre y a preguntarse de qué se hablaba en estas asambleas anuales, mucho más antiguas que el Witenagemot* que había dado lugar a nuestros moribundos parlamentos humanos.

Miércoles

Escribir algo de belleza perdurable era la ambición de todo escritor, como lo era de todo carpintero, arquitecto y constructor de cualquier clase. No era la belleza lo importante sino la pervivencia, pues la pervivencia era bella. Era también todo lo que podíamos hacer. Construir algo sólido era un consuelo, incluso una verdadera e intensa alegría: una mesa que, al sentarse en ella, aunque solo debiera usarse para comer, no se astillase o rompiese. El objeto no se construía para el creador, sino por sí mismo. Este último sentía una sensación de triunfo al saber que había contribuido con algo: una especie de aportación de consolación atemporal y regalada sin ánimo de obtener beneficio alguno. A veces sabíamos, medio alegres por el alcohol o mientras escuchábamos música, que en el corazón de algún mundo yace una cuerda a la que la vibración convierte en real, y de esta realidad surgía música, verdad y la permanencia del trabajo bien hecho. Dar a luz a esto, con una especie de parto masculino, no era solo todo cuanto podía hacer el hombre; era también todo cuanto la eclipsada humanidad de cualquier sexo podía hacer; era la contribución humana al universo. Golpeado sin compasión por el *jazz* y los avances mecánicos, el artista anhelaba descubrir la permanencia, una vida de feliz

---

* Institución política de la Inglaterra anglosajona entre los siglos VII y XI. Tiene su origen en las antiguas asambleas tribales que posteriormente se convirtieron en consejos en los que se congregaban obispos, abades, nobles y consejeros reales. En algunos aspectos, el Witenagemot es el predecesor de la institución del Parlamento. *(N. del E.)*

permanencia que con mirada fija crearía para la satisfacción de personas futuras que también miraban. En esto consistía todo, como sabían los poetas, en ser la madre de una canción inmortal; en decir «sí» cuando tocaba y «no» cuando tocaba; en hacer que perdurase por su solidez esa quizá pequeña mesa cualquiera en la que comerían las siguientes generaciones sin romperla; en contribuir a la benevolencia atemporal que debería corresponder a esta solitaria y pequeña raza; en profesar el mismo afecto que había perdurado desde Guillermo el Conquistador hasta Jorge VI. Los ruederos, los herreros, los granjeros, los carpinteros y las madres de familias numerosas sabían esto.

Había sido un día profundamente deprimente. Dado que a las seis de la mañana había demasiada niebla como para ver a veinte metros, era inútil empezar la ronda en busca de Gos antes de que amaneciese. El cartero había traído un mensaje de Tom que decía que los grajos estaban causando un gran alboroto en el bosquecillo de Hoptoft. Para entonces ya era capaz de ver a dos campos de distancia y me había embarcado en mi terca persecución que duró hasta el atardecer y no sirvió para nada. Un mochuelo, al que había visto ya dos veces antes, vivía en la parte sur del bosque; el cernícalo vivía en la este; los gavilanes definitivamente se habían marchado. Había perdido a Gos. En alguno del millón de árboles que les daban un tono musical a sus ocasionales graznidos, el joven Absalón colgaba de sus pihuelas.

En esta época del año, los grajos se movían en grupos enormes, al amanecer y al atardecer, muchos cientos juntos. Al seguirme con sus fuertes y prolongados hurras, me recordaron mi cita favorita sobre la noche de Shakespeare: «Avanza la noche y el cuervo usa sus alas para volver al rocoso bosque». Cabe detenerse un momento, como con Gilbert

White, en las palabras que usó para describir su vuelo. «Usa sus alas». ¿Acaso podría describirse mejor la laboriosa y evidente forma de volar, con las alas alzadas y abatidas como máquinas, con que este pájaro surca los cielos? Igual que ese hombre inmortal le ganó a todo el mundo a todo, también, naturalmente, ganó a los naturalistas a su propio juego. Seguíamos sus pasos.

Era asombroso leer a Shakespeare después de un curso de cetrería. *La fierecilla domada* era pura doma de rapaces y tuvo que haber sido una obra enormemente vívida para una generación que entendía de ellas. Era como si un gran dramaturgo contemporáneo escribiese una obra en la que, sometiéndola a las leyes aplicadas del tenis, el golf o el críquet (o cualquier trivial juego poco práctico que se considerase el favorito del público hoy día), un marido gobernase a su mujer. Petruchio domaba a su Catalina como un azorero hacía con su pájaro, y él era consciente de ello. Cuando se ha hecho guardia con un azor y controlado su comida, surgía este tipo de discurso:

Así he comenzado con prudencia mi reinado
y espero terminarlo con éxito.
Mi rapaz está ahora famélica y con el estómago vacío,
y, hasta que no desemballeste, no le llenaré el buche,
porque cuando lo hago, nunca mira el señuelo.
Tengo otra forma de amansar a mi rapaz zahareña,
de hacer que venga y de que mi llamada reconozca,
y es hacer guardia con ella, como se hace con los milanos
que se debaten, aletean y no obedecen.
No ha comido carne hoy y ninguna comerá;
Anoche no durmió ni tampoco lo hará hoy.

«Rapaz», «famélica», «desemballestar», «llenar el buche», «señuelo», «zahareña», «guardia», «amansar» y «debatirse» eran términos técnicos que seguían usándose, cada uno con un significado concreto. Catalina, por cierto, me parecía que presentaba una cierta aliteración con «milano».

Y después estaba *Otelo:*

> Si confirmo que es zahareña,
> aun cuando tuviera por pihuelas las fibras de mi corazón,
> la soltaría con la grita y la dejaría marchar
> a favor del viento, para que cazase a su suerte.

Para alguien que acababa de perder a su azor y lo había visto alejarse a favor del viento, este era uno de los más devastadores juramentos de Shakespeare. Si demuestro que ella es una rapaz adulta silvestre o rapaz zahareña (es decir, que no es virgen, como lo sería un niego atrapado en el nido, sino una rapaz que ya ha aprendido a cazar antes de estar conmigo), aunque fuera con las fibras de mi corazón con lo que la atase (como pasaba con todas las rapaces), la dejaría marchar a favor del viento para que cazase lo que quisiera. De hecho, renunciaría totalmente a ella; la perdería intencionadamente, porque a las rapaces se las tiene que hacer cazar en contra del viento. La horrible irreversibilidad de este gesto de abnegación se agravaba para el cetrero, para el que perder los nervios y liberar a propósito a su rapaz (cuán a menudo había deseado hacerlo con el pobre Gos) era prácticamente un pecado contra el Espíritu Santo.

Entretanto, la halconera estaba vacía. Las modificaciones lastimosas, las perchas, el candado de la puerta, las pihuelas de repuesto, todo me apuñalaba cuando me atrevía a acercarme. Incluso la manta con la mostaza y el berro me hacía daño, porque había perdido a los gavilanes junto con su más querido pariente.

Jueves

Tom, de muy buen humor porque llovía el día en que tenía que trabajar en la Feria de Agricultura (como miembro del Comité) y eso significaba que no había perdido un día después de todo, pues la lluvia le hubiese impedido trabajar en la granja de todas formas, me saludó cantando como un gallo antes de haber recorrido la mitad del pasillo.

—Bueno, señor White, hemos visto a su rapaz. Intentamos decírselo durante todo el día de ayer. Mark dijo que creyó verla posada sobre el almiar del heno de trébol. Estábamos trabajando el trigo cuando la vi bajar al suelo. Mandé a Phil, pero debió haberse alejado un poco. Pero la vi yo mismo. Estoy seguro de que era su rapaz. Le vi el vientre. —Tom hizo una pausa para subirse las polainas, extendió los brazos intentando parecerse a un azor y se ladeó—. Era de color claro. Bajó así.

Mi querido amigo hizo entonces una pausa para hacer como que descendía deslizándose con gracia por el aire. Yo aproveché para responder, en tono de duda:

—¿Está seguro de que no era un gavilán?

—¡Bah! —gritó Tom—. Eso no lo sé. No sé lo que era, pero estoy seguro de que era su rapaz. Seguro. Por completo. La vi yo mismo.

—¿Le vio la cola?

—No, no vi nada, pero estoy seguro de que era su rapaz. Tenía el vientre blanco.

—A mi azor le faltaban cinco plumas de la cola. Si le vio la cola, tuvo que notarlo. Se parecía a esto.

Extendí las dos manos con el índice, el corazón y el anular de la mano derecha doblados, a la vez que escudriñaba ansioso y lleno de sospecha la cara de Tom.

—Volaba raro —afirmó Tom, a modo de concesión.

—¿Pero no se fijó en la cola?

—¡Estoy seguro! —gritó Tom por última vez, mientras movía la cabeza con intransigencia, se estiraba las polainas y me decía que me tranquilizase con la mirada—. Seguro. La vi yo mismo. Tenía el vientre blanco. No tenía nada en las patas. No le vi las patas, pero no tenía nada. Estoy seguro de que era su rapaz.

Si Tom y Cis estaban seguros de algo, cualesquiera que fueran sus contradicciones, un hombre de inferior valía como yo tenía que estar dispuesto a actuar basándose en su fe. Más tarde, durante ese mismo día, Cis le enseñó la rapaz a Tom, cuando volaba detrás de dos cornejas negras; y Cis veía, atrapaba o cazaba cualquier cosa que corriese o volase. Yo no estaba convencido del todo, porque tantos rumores me hacían dudar (por ejemplo, dijeron que uno de los hombres de Jack Davis había «visto a su rapaz, junto a otra, en su casa el domingo». Me pareció que se trataba casi seguro de los que creía que eran gavilanes que habían abandonado el bosque de Three Parks). La blancura del vientre de la rapaz a la que se refería Tom podría haber sido sin problemas la de un cernícalo. Además, Gos no se habría podido quitar las pihuelas. Podría haberlas roto por el nudo a la altura del tornillo, pero no se las podría haber quitado. Por otro lado, me parecía raro que no se hubiesen fijado en la cola; y encima llevaba dando vueltas desde que lo perdí, desde el alba hasta el atardecer, y no lo había visto durante varios días. Sin embargo, Tom y Cis no estarían seguros si no fuese nada. Estaba tan convencido como ellos de que habían visto a una rapaz de algún tipo o a Gos. De todas formas, parecía que merecía la pena volver a iniciar la caza. Fue una alegría.

Ese día, como llovió muchísimo, lo dediqué a modificar una trampa para rapaces. A estas les gustaba posarse en ramas altas y sin hojas, y los guardabosques solían poner trampas circulares, como versiones en miniatura de los cepos antiguos, en palos en sus bosques. Solían poner trampas así cerca de la que ahora era mi casa cuando el viejo duque se encargaba de cuidar los campos. Ahora eran ilegales. Compré una y me pasé el día limando los dientes. Después cosí una almohadilla de fieltro a cada una de las mandíbulas, del doble de grosor en la parte central, e hice un nudo grueso con hilo de latón en la base de una de ellas. Este impedía que la trampa se cerrase del todo. El recubrimiento de fieltro era lo suficientemente grueso como para atrapar un lápiz o mi meñique con fuerza, sin hacerme daño pero sin permitirme sacarlo.

Pensé en poner este artilugio en un árbol, atado a un palo que se pudiese bajar para liberar grajos y volver a alzar hasta su posición inicial sin mucho problema. No sabía si las

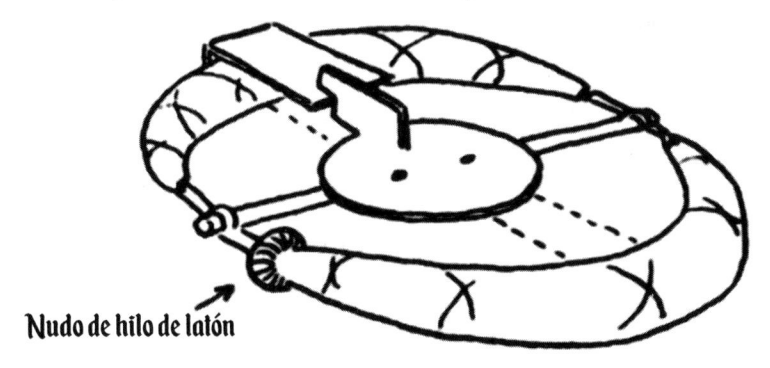

Nudo de hilo de latón

No he incluido el resorte que activa la trampa
en este dibujo porque no puedo hacerlo sin que quede confuso

viejas trampas para rapaces habían contado con este accesorio, pero parecía práctico si se encontraba un árbol con un segmento razonablemente libre de ramas.

Se necesitaban dos grapas, un poco de cuero para la bisagra en la parte inferior, un poco de cuerda, un palo y la trampa.

Al mirar el mecanismo tras muchas horas limando, uno podía decirse a sí mismo con cariño: «He creado». Desde luego, una de las cosas más bellas de la cetrería era que, para empezar, se te permitía inventar cosas, y encima se te permitía jugar a los indios con ellas, sin importar la edad.

Liberé a Casandra de su guardia, pensando que hasta que se desarrollasen los acontecimientos bien podría esperar cómodamente en casa.

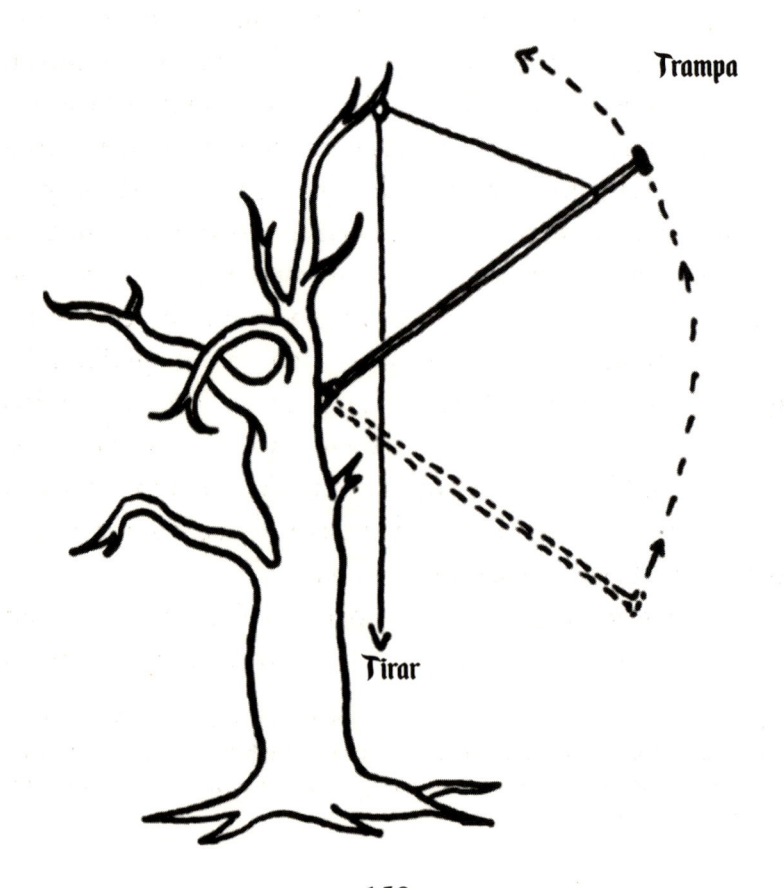

Viernes

Mi orgullo creador del día anterior había sido prematuro, porque dejé el invento terminado sobre la mesa de la cocina para que Tom admirase sus virtudes cuando volviese de la feria; él, también impelido por una pasión similar por construir, inmediatamente lo hizo pedazos, lo reconstruyó según sus propios designios y lo puso en un árbol acompañado por Cis a las nueve de la mañana, antes de mi llegada. Yo, al llegar al mediodía, inmediatamente veté las mejoras de Tom en una escena de una fuerte indignación contenida; éramos dos creadores rivales que se retaban el uno al otro como lo habrían hecho Colón y Cortés si se hubiesen encontrado en aquel pico de Darién.[*] Más tarde, hablé con Cis a solas y le pedí en secreto que activase la trampa que había puesto Tom y que nos encontrásemos el domingo por la mañana para volver a dejarla preparada a mi manera. Tom había quitado el hilo de latón basándose en la suposición de que su brillo ahuyentaría a las rapaces. Quizá tenía razón (aunque yo tenía la sospecha de que a las rapaces, como a las grajillas, les gustaban las cosas brillantes), pero quitar el hilo permitía que la trampa se cerrase demasiado rápido, y eso no podía permitirlo. El domingo alquitranaría algo de hilo y volvería a ponerlo. Entretanto, la trampa estaba desactivada y no podía romperle las piernas a ninguna rapaz.

Había sido un día lleno de esperanza. Cis y Mark juraron que habían visto a Gos cerca del almiar del heno de trébol

---

[*] Referencia al soneto de Keats *Al leer por primera vez el Homero de Chapman*, donde el poeta romántico plasma su asombro tras haber leído la traducción de las obras de Homero llevada a cabo por el dramaturgo isabelino George Chapman. *(N. del E.)*

otra vez, y yo mismo había visto un gavilán cazando en la esquina noreste del bosque de Three Parks, junto al seto en el que había tendido la trampa de plumas bajo la sospecha de que cazaría por allí. La trampa seguía allí, sin estar preparada y sin vigilancia, para que se acostumbrasen a ella. También había visto a un cernícalo a través de los binoculares hasta que fue tan atento como para volar sobre mí. Esto significaba que se podían atrapar seguro cernícalos y otras especies, a juzgar por los informes, posiblemente un azor, en este pequeño terreno, si se era humilde y paciente. Pensé en lo orgulloso que estaría de mí mismo si pudiera atrapar aunque fuese un cernícalo pasajero, ingenio contra ingenio, y en cómo me enseñaría algo acerca de estas fascinantes criaturas aéreas, tímidas, salvajes, orgullosas, astutas y valientes que, compuestas casi exclusivamente de corazones rojos y picos de loro, remaban a través del cielo ayudados por dos alas rígidas pero silenciosas (tenían las alas ranuradas de los aeroplanos de la Handley Page) y eran quizá los productos más eficientes de la evolución aérea. Solíamos decir hacia el final de la estación que las perdices eran «tan salvajes como rapaces». Era un cumplido que tan solo merecería una rapaz. Era casi una presunción enfrentar a esta especie con una mansa civilización y dedos torpes; una especie que se había erigido a sí misma en la nobleza del aire cuando el hombre apenas empezaba a intentar convertirse en el amo de lo que había debajo. Un amo contra otro más antiguo; era una noble empresa.

    El gavilán cazó a su presa de la siguiente forma. Yo estaba tendido frente al seto en el lado opuesto del campo, a una buena distancia, cuando un pájaro desconocido pasó rápidamente por mi campo visual cruzando el terreno por en medio. Volaba a no más de cinco centímetros de la superficie de la hierba. Había aprendido a lo largo de la semana anterior que cuando veías un pájaro (especialmente una rapaz, cuervo o grajo), este ya te había visto a ti. Era inútil cambiar tu comportamiento de golpe (posiblemente quedándote súbitamente quieto y alzando los binoculares), porque el pájaro inmediatamente se iba volando. Tenías que seguir haciendo exactamente lo que estabas haciendo antes, permitiendo que las pupilas se moviesen de una forma que le negabas incluso a tu cabeza. En este caso hice esto, me quedé quieto en la misma posición en la que estaba mientras el pájaro desaparecía de mi campo visual. Dio la vuelta, sin embargo, y volvió volando a lo largo del seto opuesto; había ganado altura con el giro, pero la perdió rápidamente. En cualquier caso, podía ver que era una rapaz de bajo vuelo. Los franceses llamaban a este tipo de rapaces *rameurs* porque remaban al volar, un hecho que se apreciaba en todo su esplendor cuando el gran trirreme que era un azor surcaba el aire al grito de «¡ataque! ¡salida!» directamente hacia ti atado con un fiador de noventa metros. La vista lateral de este tipo de vuelo (que era la que tenía en este momento) era menos imponente. El pájaro parecía flotar sin prisa alguna, ladeándose lentamente hacia su presa.

Mi pájaro no se abatió de golpe sobre ella. Después de haber dado esta vuelta alrededor de su objetivo sobrevolando la hierba a poca altura (para así permanecer fuera del campo visual de su víctima, un humilde ratón), se colocó sobre él cuando lo cubrió el seto y entonces, entrando y saliendo de las ramas que cubrían su acecho, apagando suavemente el motor, poniendo cuidadosamente el punto muerto, se acercó a él perdiendo velocidad y en un ángulo de treinta y cinco grados. El ratón chilló dos o tres veces y murió en menos de un segundo de reloj. Un minuto después, el exquisito asesino se elevó tranquilamente sobre el seto, llevando consigo el cuerpo como un oficinista su maletín, y desapareció de mi vista a unos doscientos metros.

Sábado

La radio dijo que sería un día tranquilo y soleado. Llovió durante todo el día, con una brutalidad lenta y carente de viento en la línea de lo que había sido este año brutal. Un viandante desconocido con quien me había cruzado frente a la librería Smith's bajo la llovizna del jueves me dijo que no recordaba un verano igual desde casi 1890; cuando cosecharon en noviembre, las ovejas tuvieron la duela y el heno bajaba flotando por el mercado de Buckingham. No había habido un verano igual desde que yo tenía uso de razón. Que la radio se hubiese equivocado en su predicción parecía darme más motivos para quejarme del día. A todos los que me crucé, más de media docena, les dije enfadado: «¡Así que hoy iba a ser un día tranquilo y soleado!». Me sentía personalmente insultado.

Fue, sin embargo, un día alegre en general. Hice con varas de avellano fuertes, finas y flexibles recién cortadas del bosque el armazón o esqueleto del escondite parecido a una topera desde el que vigilaría la trampa de plumas cuando la mostaza y el berro se dignaran a crecer. Pesaba unos dos o tres kilos sin la manta, y lo había construido como se hacían las barcas de mimbre galesas, clavando los dos extremos de las varas principales en el suelo formando un arco y después tejiendo el resto alrededor; y, como estas barcas, podía llevarla como un caparazón cuando hiciese falta. No era una mala opción para quien necesitase una paranza portátil. Armado con la lona y la manta con la hierba en un brazo, el caparazón sobre la frente y la espalda, y la cesta con la comida u otros utensilios en la otra mano, el cazador que optase por ella podría apañárselas bastante bien, en teoría. En la práctica, no tanto, ya que una manta en la que se había plantado mostaza era difícil de doblar sin dañar la hierba y no era ligera. No obstante, este hombre activo y perseverante sería móvil; y, además, demasiada movilidad era más un inconveniente que una ventaja si se hablaba de pájaros.

Llevé el armazón hasta el seto en el que suponía que encontraría a los gavilanes y lo dejé a unos doscientos metros. No quería que los gavilanes sedentarios que creía que había allí asociaran la ubicación de la trampa con actividad humana. La naturaleza sedentaria de estas rapaces era lo que las haría más difíciles de atrapar que las migratorias que solían cazarse en Valkenswaard. Ellas conocían el terreno y notarían rápidamente la más mínima alteración. No tenía grandes esperanzas. Si la paranza de los paneles y el caparazón portátil ahuyentaban a la nobleza del aire, entonces simplemente debería esperar uno o dos meses, hasta que estos artefactos pasaran a ser parte del paisaje. La apuesta de Tom de treinta y tres libras a una a que no atraparía una rapaz en tres semanas parecía bien fundamentada. Me quedaba poco más de una semana, y la mostaza no crecía.

Tom tenía invitados para tomar el té, pero llegamos un poco antes que ellos. Fui andando hasta la casa, mientras me preguntaba cómo de enfadado estaría porque yo le hubiera pedido a Cis que activase la trampa. Por el camino me di cuenta de que habían quitado el palo entero. Miré con nerviosismo por la puerta y le pregunté si estaba muy enfadado. La cara le cambió perceptible y rápidamente, como la de un camaleón, y adquirió cuatro expresiones diferentes: de culpabilidad, por haber modificado mi trampa, de dignidad ofendida, por haber modificado la suya, de convicción de que la suya era la mejor y de perdón alegre ante una disculpa a medias. Afirmó inmediata y triunfalmente que Cis no había activado la trampa y que habían atrapado un mochuelo la noche anterior. El recubrimiento de fieltro y el hecho de haber limado los dientes habían impedido que la trampa le rompiese las patas, aunque las había dañado, y Tom lo había matado por la mañana (me apenaba que así fuera, dado que albergaba la secreta ambición de intentar adiestrar a un mochuelo, que era una rapaz nocturna; quizá fuera posible con una especie de mayor tamaño. Además, pensé que se trataba del mochuelo del sur del bosque de Three Parks, y por tanto que lo había conocido personalmente). Tom dijo que la trampa, ya que no le había roto las cortas patitas, había probado que servía, incluso sin un tope de hilo de latón, para las patas de un azor. Señalé que un azor y un mochuelo eran diferentes, ya que uno era cinco veces más grande que el otro, y que Gos era tan valioso que no merecía la pena correr ningún riesgo. Después de una breve discusión proclamamos una paz honrosa; llegaron los invitados; y el resto de la tarde fue un simposio en el que este huésped inimitable contó sus francamente inimitables historias sobre piromanía, asesinatos y fuego en los pueblos adyacentes durante los últimos cuarenta años. La señora Osborne estaba sentada en una esquina pidiéndole a Tom que no gritase, mientras el resto de nosotros lo incitábamos, y él, dejándose llevar por la furia de su discurso, le dio la vuelta a la silla e hizo girar un zorro imaginario sobre su cabeza, esforzándose por transmitir hasta la más mínima partícula de la emoción que reinaba cuando Frank Ayres de Chackmore cogió un zorro vivo de la trampa con las manos desnudas en 1900.

Si Dios, o cualquier otro observador, lamentaba momentáneamente la destrucción de nuestra raza en un futuro cercano, sería debido a unas pocas familias.

Domingo

Un mirlo o zorzal sería un mejor cebo para estas rapaces pequeñas que una de las palomas domesticadas. Había un mirlo que solía visitar constantemente la vieja trampa para rapaces del bosque junto a la paranza de los paneles de zarzo. Todavía existía la remota posibilidad de que Gos atravesase el bosque, digamos una vez al día, como parte de un recorrido tan amplio que explicase por qué no me lo cruzaba más a menudo; de que hubiese sido él quien, en efecto, había matado a la última paloma. Dado que esto era lo que me quedaba, decidí vigilar la trampa del bosque por la mañana. Tendría que poner en ella granos de cereal, con el objetivo principal de atrapar un mirlo, y una paloma, con el secundario de atrapar a Gos o un gavilán, si se acercaban. Si atrapaba un mirlo, serviría como cebo para la trampa de plumas el martes, y también sería una prueba de la eficiencia de la trampa y una forma de practicar con ella.

Durante este día hice un caparazón extra hasta la hora del almuerzo. Era la mitad más pequeña del armazón que había llevado al seto el día anterior y estaba diseñado para asegurarme de esconder los pies, que originalmente había pensado ocultar en un tojo. Lo cubrí con fieltro que había sobrado tras recubrir el cepo y estaba debajo de unas alfombras, y lo llevé al seto por la tarde.

La parte delantera del bote volcado, más grande, estaría cubierta primero con una lona y, encima de ella, colocaría la manta con la mostaza. Metí la parte más pequeña, que ya estaba recubierta de fieltro marrón, bajo un brezal y apilé encima ramas de tojo formando un gigantesco y doloroso arbusto. Una vez el propietario se había introducido en la parte más grande, que estaba anclada al suelo, acercaba la parte trasera, móvil, por medio de un trozo de cuerda, y debía permanecer así en esa precaria situación.

Preparé y cubrí de tojo la parte más pequeña, y después volví a buscar a Cis, con quien volvimos a dejar lista la trampa de resorte. Le volvimos a poner el hilo de latón y lo alquitranamos. El palo se elevaba a una mayor altura que antes sobre el acebo; era un silencioso vigilante gracias a cuya resignada guardia continua igual atrapaba, si había suerte, lo que todos los artilugios basados en seres vivos no habían conseguido atraer.

Como era domingo, día en que no se podía recoger el cereal, fue un día glorioso. Nos quedamos largo rato al anochecer intentando predecir qué tiempo haría al día siguiente. Los altos cirrocúmulos, los cúmulos más bajos bastante bien formados, el sol rojizo, el barómetro sin cambios, las vacas que pastaban pacíficamente como si fuesen una, el cielo abierto, las telarañas de los árboles; todo parecía indicar que haría bueno por fin. Sin embargo, veíamos y oíamos a demasiada distancia a través del aire húmedo y estático, y no hubo mucho relente. En general, aunque ya daba miedo esperar que ocurriese algo bueno, parecía que haría un buen día por fin: para Tom y su cebada, para mí y mis horas de vigilancia en el bosque húmedo. Salí más tarde, en noche cerrada, para asegurarme de que haría bueno. El rocío era ahora denso y productivo, había una neblina casi adecuada para septiembre y, muy arriba, la visible Vía Láctea casi engullía los bordes de Casiopea.

Lunes

El prometedor crepúsculo del día anterior únicamente había sido una muestra de ironía. Tan solo el estoico sobreviviría a este verano y este invierno, aquel que no esperaba nada en absoluto.

Después de dormir cuatro horas, volví a salir a la noche, y allí estaba la Vía Láctea, allí Casiopea, en el mismo cielo que antes; pero se habían movido mientras los hombres dormían. La gigantesca cúpula, deslizándose imperceptiblemente sobre los suaves cojinetes de las estrellas, las había desplazado en conjunto alrededor del polo. La Osa casi había desaparecido; El Río fluía ahora más de norte a sur; Orión, que a medianoche apenas despuntaba sobre el borde oriental, ahora era el rey del cielo; y lo fue hasta mucho después de que el viento llamara al sol, hasta después de que el Can, la Osa y el Dragón palidecieran, hasta después de que la luz amarillo limón empezara a brillar de forma tenue detrás de los estratos matinales. El atrevido y descarado cazador se mantuvo firme, desnudo salvo por su cinturón.

A partir de las siete en punto, los mirlos empezaron a acercarse a la trampa a intervalos que iban de quince minutos a una hora. Había un par de ellos, y a veces venían juntos, a veces de uno en uno. A las diez de la mañana yo ya estaba tiritando de frío, porque el denso rocío me había calado y el sol no alcanzaba a despuntar. En cuatro ocasiones estuvo uno de los pájaros dentro del círculo de la trampa, pero no en el centro, y me dio miedo tirar. A la quinta, el frío, el hambre, el aburrimiento, la privación de sueño y el sufrimiento me hicieron tomar medidas desesperadas. El pájaro estaba dentro del perímetro, pero algo desplazado hacia un lado. Sin acordarme de que las cuerdas también estaban algo desplazadas, tiré de ellas con miedo. La trampa funcionó de forma impecable, pero también lo fue la reacción del mirlo. Asustado por el tirón de la cuerda, que debía haber estado directamente entre sus patas, despegó del suelo justo a la vez que la red. Le dio de lado, sin atraparlo; las hojas que había esparcido sobre la red saltaron por los aires como una fuente; Casandra, que estaba atado cerca (aunque, tras reflexionar sobre ello, no dentro de la trampa, porque habría espantado a los mirlos), empezó a volar con un grito salvaje, tensó la lonja al máximo, se paró en seco, se enredó con una rama y quedó colgando boca abajo mientras aleteaba. Me levanté entre maldiciones, recogí las trampas y abandoné aquel lugar maldito. Ya no servía de nada que me quedase.

Este tiempo llevaría a cualquiera a la tumba. El sol débil y acompañado de fuerte viento, después de una mañana nublada y en calma, no había secado en absoluto la cebada empapada por el rocío; y, por la tarde, aparecieron cumulonimbos acompañados del rugido de unos pocos y fríos truenos para calarlo todo de nuevo con una cortina de agua breve y tajante.

A las siete me acerqué exhausto a terminar de arreglar la paranza de la mostaza antes del anochecer, pero decidí no vigilar esa trampa a la mañana siguiente. Demasiado descorazonado por la malevolencia de Dios y la humedad, me excusé en que la trampa podría estar sin vigilancia durante un día, para que los gavilanes se acostumbrasen a ella. El problema era que quizá los conejos se comerían la mostaza; sin embargo, había plantado más mostaza que berro, que crecía más rápido, porque esperaba que el sabor picante de esta planta no atrajera ninguna criatura.

Martes

«Para que los gavilanes se acostumbrasen a ella». Si es que había gavilanes, si es que a alguien en el mundo le salía bien algo. Al menos la paranza sería una tumba muy conveniente, al ser exactamente de la forma y el tamaño adecuados, y el siguiente grupo de rapaces que anidara en el bosque de Three Parks probablemente se acostumbraría a mis gusanos, cuando hubiese muerto de reumatismo y neumonía en una vana empresa. Si hubiese estado seguro de que los «gavilanes» seguían por allí o de que mi artefacto estaba en medio de alguna de las rutas de Gos; si hubiese tenido pruebas de primera mano de que Gos seguía vivo y hubiese estado seguro de ello, entonces no habría habido niebla, nimia lluvia ni terrible e impío trueno capaz de desalentarme lo más mínimo en mi alegre paciencia. Pero, en el peor verano del que tenía memoria, yacer apretado durante todo el día sin tabaco (quizá la privación más exasperante), húmedo, con frío y hambriento, en un lugar donde solo estaba seguro de que una vez había habido gavilanes, con herramientas que ni tan siquiera sabía si funcionarían, embarcado en una vieja misión que quizá había sido ridícula desde el principio, mientras todas las cartas en las que pedía ayuda a lo largo y ancho de Europa no solo no habían conseguido que nadie me ayudase sino que ni siquiera habían obtenido respuesta, era un trabajo amargo. Vi un gavilán el viernes, si es que podía distinguir uno a una distancia de dos campos. No era ni Gos ni un cernícalo. Su color arenoso y su forma de volar me hicieron pensar que no era un mochuelo. Este volaba meneándose y como si flotase, como si, como decía Gilbert White, «pareciera necesitar un lastre»; la criatura que vi el viernes remaba como una verdadera rapaz de bajo vuelo. Sin embargo, esto era lo único en lo que me basaba, una suposición de principiante respaldada por la evidencia que me habían proporcionado mis oídos.

Desde que Gos se escapó tan solo había podido depender de mis oídos para distinguir los gavilanes. Salvo aquel viernes no los había visto, y ese día había sido un solo pájaro en vez de una pareja. ¿Cuánta confianza podía depositar en la palabra de otra gente, que no se dedicaba a la cetrería, y cuánta en mi propia audición? Los dos cazadores se llamaban entre sí con chillidos aislados. Uno chillaba, y el otro respondía. Sin embargo, los mochuelos también se comunicaban con chillidos aislados y cazaban de día, porque la gente de campo interpretaba este fenómeno como señal de que iba a llover. Encogidos bajo cuatro paneles de zarzo, acurrucados, los oídos alerta se volvían optimistas y confundían los chillidos de los mochuelos con los de los gavilanes, e incluso las orejas se levantaban para intentar escuchar las conversaciones compuestas por píos y pipíos de los pardillos, los jilgueros y demás. A veces un mosquitero casi me engañaba por un momento y parecía dos pájaros que emitían sonidos monosilábicos. Cualquier breve y amenazador reclamo, y algunos de los pájaros más pequeños tenían voces prodigiosas, provocaba que sufriese un espejismo la mente entumecida que yacía encogida en su refugio bajo los árboles que goteaban. Incluso el hecho de que aquella pareja a la que había visto hacía tantas semanas persiguiéndose entre sí alrededor de un árbol fueran gavilanes era tan solo una suposición, que hice teniendo en cuenta que era tan probable que fueran cernícalos como gavilanes; podrían haber sido milanos, halcones o incluso alcotanes. No había razón alguna por la que no pudieran haber sido pájaros migratorios y poco comunes. Quizá se habrían ido.

Y así, simplemente basándome en suposiciones (porque o se vigilaba la trampa, con la mirada perdida en el infinito, basándose en suposiciones, o no se vigilaba y solo quedaba rezar por no haberse equivocado), me esforzaba en llevar a cabo planes de resultado incierto bajo un clima infernal; simplemente por suposiciones me levantaba lleno de agonía cuando los juerguistas se iban a la cama y yacía bajo una lluvia torrencial que todo lo disolvía mientras otros trabajaban o intentaban recordar lo acontecido la noche anterior.

Este día me dediqué a observar mirlos bajo una tormenta gélida durante dos horas. Estaba seguro de que el susto de ayer los habría espantado, pero vigilé la trampa para asegurarme del todo y no me molesté en armarla. Me marché convencido de que pasarían muchas semanas antes de que un mirlo volviese a acercarse a esa red a por cereales.

Entretanto caía el rocío, llovía y tronaba. ¿Qué se podía hacer contra esta demoníaca providencia? Nada, me parecía, salvo, como el señor McMahon,* salir y dispararle al rey a quien entonces decíamos amar.

---

* El autor hace referencia aquí a George Andrew McMahon, cuyo nombre real era Jerome Bannigan. Bannigan intentó disparar al rey Eduardo VIII en julio de 1936, tras la celebración de un desfile militar. *(N. del E.)*

Miércoles, jueves y viernes

Estaba invirtiendo una enorme cantidad de paciencia e ingenio, pero no parecía obtener nada a cambio. A lo mejor una paloma era un señuelo demasiado grande para un gavilán, cuya presa habitual una vez adiestrado era un mirlo. No servía de nada avanzar a tontas y a locas por intentar hacerlo todo de golpe (ya estaba intentando atrapar gavilanes sin dedicar una o dos semanas a asegurarme de que estaban allí). Si necesitaba un mirlo como señuelo, entonces mejor que concentrase mis esfuerzos en atrapar uno antes de invertirlos en atrapar un gavilán. Sin embargo, me dolía no usar la trampa para rapaces ya que, por lo que sabía, los gavilanes todavía sin localizar del bosque de Three Parks podrían migrar en cualquier momento.

Tomé la decisión de hacer la trampa automática y tan eficiente como fuese posible, mientras me dedicaba a atrapar mirlos. Tenía una cerceta disecada en la repisa de la chimenea, así que hice un señuelo con ella para sustituir al palomo vivo, al que tenía que vigilar. Al estar disecada, no se movía; era tan inmóvil como los trozos de queso en una trampa para ratones, y, de hecho, convertí la trampa en algo muy parecido a eso por el momento.

Tras ofrecerle esta oblación a la fortuna (acabó por servir para atrapar una comadreja, pero se escapó fácilmente a mordiscos, dejando tan solo sus huellas) me dispuse a capturar mirlos. Ya que únicamente es ilegal atrapar pájaros con liga, pero no fabricarla o publicitarla, puedo relatar mi experiencia con ella sin miedo a que me sienten en el banquillo. La calenté, la extendí sobre cuadrados de cartón de unos veinte centímetros, rocié estos con maíz o frutos del bosque de aspecto apetecible y los puse en lugares fre-

Ramita fija por un extremo, el otro puesto con cuidado bajo el señuelo

Resistente goma elástica para tiradores

cuentados por mirlos cerca de la casa. La liga tuvo éxito no solo con los pájaros (que daban saltitos sobre el cartón y, sobre una pata, miraban los frutos con evidente satisfacción), sino también con los cerdos de los Wheeler, que se comían los cartones enteros, tan rápido como era capaz de ponerlos. Hasta unos meses más tarde no descubrí el secreto de este producto, que me fue revelado por un granjero que tenía redes abatibles y que, en lo relativo a estos asuntos, parecía vivir atormentado por el fantasma de la ley. El secreto era extenderla sobre paja o ramitas. Estas, me informó, se quedaban pegadas a distintas partes del pájaro e iban, por ejemplo, de la pata al ala, de forma que le acababa resultando imposible volar.

Dado que la liga no me resultó útil, construí una especie de criba a la antigua en el jardín y extendí la cuerda hasta la ventana de mi habitación, en la que puse un espejo de afeitar en el ángulo adecuado para vigilar más o menos, mientras dormía la siesta, el maíz y las moras que había puesto para tentar a los mirlos que deseaba capturar. Estar en la habitación era un agradable cambio después de la paranza.

Por supuesto, no se acercaron. Había demasiados frutos en otras partes del jardín y en setos que no tenían la amenaza de extraños artefactos para que cualquier mirlo sensato se fijase mucho en los míos. Quizá habría funcionado en invierno, pero a finales de verano la trampa era tan solo el hazmerreír del jardín.

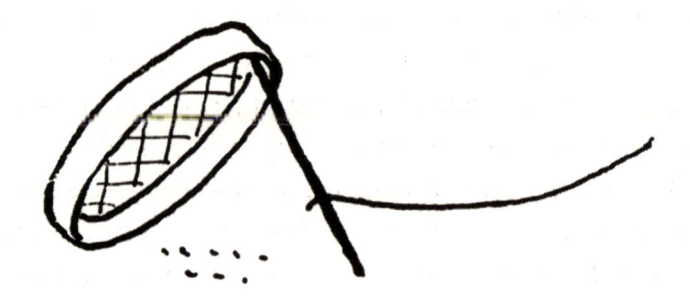

Los cerdos, sin embargo, se acercaron, los ubicuos cerdos de los Wheeler que se habían comido todas las uvas espina, las grosellas negras y rojas, las manzanas o ciruelas que había tirado el viento, y los señuelos que había puesto para Gos en sus perchas. A menudo entraban en la cocina para comerse el pan y la leche de la perra. A veces tenía miedo de que subieran las escaleras y me comieran a mí. Lo habrían hecho de manera despreocupada, supongo, masticando ruidosamente mientras yo trataba de alejarlos con un palo o algo así. Tenía barricadas en todos los setos hechas con viejas cujas metálicas, piezas de la vajilla, cualquier cosa que pudiese ayudar a detenerlos. Lo atravesaban todo. Acabaron por comerse la criba.

No obstante, yo, tumbado con un ojo puesto en el espejo y ocasionalmente obligado a correr escaleras abajo para golpear a un cerdo con una maza de polo que tenía a la salida de la puerta de atrás para ese propósito, descansé durante tres días y leí por encima a Shakespeare con el otro ojo.

De asombroso genio (sus obras las había escrito *sir* Walter Raleigh, principalmente mientras estuvo en la torre de Londres), su talento para la cetrería era el de un cetrero (a

Raleigh le gustaba esta disciplina). Ningún aficionado habría escogido como presagio terrible que «un búho sigiloso a la caza de ratones» (¡cuánto desprecio rezuman estas palabras!) «había matado al vuelo un halcón, que goza de un lugar de honor entre las rapaces» (¡y cuánta nobleza estas!).

También estaban las palabras de Hamlet: «A ello nos dedicaremos ahora como cetreros franceses, prestos a cazar lo que sea». Si se las traducía a una versión más moderna del idioma («nos pondremos a ello como cazadores franceses, tratando de cazar cualquier pájaro, a cualquier distancia»), quedaba patente que la vida seguía igual desde los tiempos del rey Jacobo. Era en *Hamlet* donde el trasfondo era más claro. Probablemente, Rosencratz y Guildenstern se habían entretenido junto con el joven príncipe practicando la cetrería, cuando fueron juntos a la universidad. En cualquier caso, sus escenas tenían como eje este plano conceptual: «Si me queréis, no retengáis el vuelo de la verdad», «vuestros secretos con el rey y la reina no muden pluma alguna», «una nidada de polluelos, pequeños niegos», «temerosos de las plumas de ganso» y la famosa rapaz que podría haberse confundido con una garza real. Quizá una de las imágenes más terribles de toda la obra fuera la pregunta indignada a los que fueron sus amigos: «¿Por qué voláis tras de mí como si quisierais cazarme?». Amenazado por los peligros que creía lo acechaban por doquier, a la espera, por así decirlo, mientras se urdía la trama para atacarlo, una criatura a la que estaban acechando pero contra la que todavía no se habían abalanzado, su mente visualizaba a la garza real a la que rodeaban dos halcones con sus letales espirales. «¿Por qué dais vueltas a mi alrededor de forma tan taimada, como si quisierais situaros sobre mí y en contra del viento, en la posición desde la que el halcón peregrino desemballesta súbita y mortalmente?»

Sábado

Pasé el día en la tumba, un destino ni incómodo ni inaceptable. Dos años antes había pasado una tarde en un *pub* con una enfermera y comadrona que se había encargado de preparar para el entierro a uno de los granjeros locales fallecidos. Entre algunas de las numerosas pintas de Guinness a las que la invitamos, esta solterona sociable y singularmente inteligente me había explicado en detalle el proceso completo por el que se limpiaba, vestía, disecaba y preparaba el cadáver. Se había despedido de mí con las siguientes palabras: «Bueno, espero que te disequen bien».

Así pues, fue bastante fácil colocarme decente y cómodamente bajo el morón de mostaza. Como tenía espacio para mover bastante los codos, podría haber cruzado las manos sobre el pecho y haber sostenido unas flores: una práctica a la que se oponen los enterradores porque hace que los codos sobresalgan y por tanto que haga falta un ataúd más ancho. Estuve allí tumbado, húmedo y muy incómodo, a veces leyendo, a veces durmiendo, pero siempre a la escucha, desde las cuatro de la mañana hasta las cuatro de la noche. Fue a esta hora cuando la paloma de señuelo rompió de pronto sus pihuelas y se fue volando. Le había fabricado pihuelas de cuero porque no me gustaba la cuerda, que siempre les irritaba las patas un poco, y había conseguido arrancarlas del tornillo que las unía con el tocón. Me levanté, como Lázaro, visité la trampa de la cerceta (que no había saltado) y la trampa de resorte (que había saltado pero estaba vacía), y volví andando con paso pesado a casa. Después fabriqué una nueva trampa para mirlos.

La providencia solía ser justa, por regla general, pero ahora disfrutaba enormemente dándome empujoncitos. A las cinco de la mañana, con los dedos lentos y sufriendo, había intentado atar la paloma al tornillo. No obstante, había batido las alas justo en el momento erróneo, se me habían escapado las pihuelas a las que intentaba hacerles un nudo de las manos, y se había ido volando, llevándose consigo toda motivación para levantarme a una hora tan temprana. Tendría que haber andado sesenta minutos para buscar otra paloma, y para entonces la luz habría sido demasiada como para entrar en la paranza bajo la posible mirada de los gavilanes. Me había quedado allí de pie estupefacto, paralizado por este golpe más que tanto se parecía a la pérdida de mi Gos, y de pronto la paloma había decidido posarse en un seto a solo noventa metros. Me había acercado, sin ninguna esperanza, y había descubierto para mi suerte que se había quedado enganchada. Después, por la tarde, se marchó para siempre.

No menos de tres cazadores furtivos de Silston pasaron sobre mí aquella mañana, por un sendero que se suponía que no había pisado el hombre. Extraje alguna conclusión sobre la remota esperanza de capturar a uno de los gavilanes de la zona de la reflexión de que cada uno de estos cazadores furtivos, aunque no vivieran allí, deberían haber visto con claridad que alguien había estado en este lugar solitario antes que él, debido al hecho de que los conejos se habían retirado hacia el bosque. Los humanos dejábamos un rastro detrás, huellas negras en el rocío que se paraban en seco en el lugar donde pensábamos que yacíamos ocultos, animales que huían, grajos que no estaban, mirlos que maldecían, un ruido o un silencio, una interrupción de la usual rutina animal del todo obvia para la rapaz posada sobre la rama muerta o incluso para el hombre en la tumba. Podría haber agarrado a uno de los cazadores por el pie.

Domingo

Llevé la trampa del cepo, que había saltado el día anterior, al seto del bosque cerca de la tumba. Tras trepar con algo de esfuerzo a un pequeño arce, me las ingenié para ponerla en lo alto y la dejé allí haciendo su mecánica guardia. La trampa de la cerceta seguía intacta.

Me había dado cuenta de que no valía la pena poner trampas que necesitasen vigilancia constante desde las cuatro o cinco de la mañana sin saber a ciencia cierta dónde estaban las rapaces que pretendían atrapar. Podrían ser útiles cerca de los nidos en primavera. Cuando atrapase un mirlo para usarlo como señuelo, pasaría un día más de agonía en la tumba, pero después de eso usaría algún tipo de trampa que se activase sola.

A continuación describiré la forma en que solían atrapar pasajeros en Valkenswaard. El cetrero tenía un refugio que había cavado en el suelo más o menos cómodo, en el brezal, puede que incluso con una pequeña estufa. Junto a este tenía al menos dos trampas. En la primera trampa, que estaba en lo alto de un gran mástil, había una paloma atada que podía hacer volar a una altura tal que fuese visible desde una distancia considerable y que podía volver a meter dentro de la trampa en el último momento; en la segunda, que estaba a ras de suelo en el centro de su trampa para rapaces, había atada otra que podía ofrecer como segunda víctima.

En el medievo se creía que todo lo terrestre tenía su homólogo marino, lo que me parecía una buena idea. El ele-

EL AZOR

fante tenía la ballena, el alitán, el perro. De la misma forma, podríamos esperar que hubiera un homólogo aéreo. De cualquier manera, al igual que los zorros a los perros de caza, las trufas a los cerdos y los gallos lira a los setter, las rapaces llamaban particularmente la atención a los alcaudones. El cetrero de Valkenswaard tenía un par de estos pájaros atados fuera de su refugio.

Los pájaros migraban, las rapaces seguían a los pájaros hasta Holanda, el alcaudón chillaba y señalaba, el cetrero soltaba la paloma de la parte superior, la rapaz la veía y se lanzaba a por ella, la trampa escondía el señuelo de nuevo, la rapaz confusa se giraba, el cetrero soltaba la segunda paloma en la trampa del suelo, la rapaz desemballestaba, y el ingenio del hombre había conseguido añadir un salvaje rey del aire más al mercado de pasajeros a los que la gente querría por toda Europa.

Lunes

Los cazadores furtivos, un tipo de gente cuya perspectiva pocos se habían molestado en entender, tenían sus propias penas. Conocí a uno de ellos, que subía alegremente en bicicleta por los terrenos de Tofield con la cesta decorativa trenzada de su mujer llena de lazos para conejos. Como yo tampoco estaba en mi coto de caza no podía reprocharle que estuviera en el de Tofield. De todas formas me contó un largo cuento que ninguno de los dos se creyó, acerca de cómo Musser Tofield le había dicho: «Charlie, amigo (o como quiera que se llamase), hay que controlar los conejos de Three Parks», algo así; pero lo interesante fue la verdadera indignación con que concluyó sus observaciones sobre la caza de conejos con lazo. «Ahora tenemos que vigilar los lazos», se quejaba, mirándolos con asco, «durante toda la noche, si no queremos que nos los roben». Parecía que la caza con lazo estaba en rápida decadencia en estos tiempos que también lo estaban; ni un decente cazador furtivo podía robar en paz.

Martes

Sentía erróneamente en los huesos que habíamos dejado atrás lo peor. La vida, encogida a los pies de la cama, parecía crearse a sí misma, parecía descubrir entre las vacías paredes del caos una apertura, o un rayo de luz. Para empezar, recibí una respuesta de Alemania: «¡Estimado señor!», había escrito el presidente de la Asociación de Cetreros Alemanes, por suerte en mi idioma. «Recibí su carta y agradezco su interés. Lamento profundamente que no me escribió unos días atrás (sí que le había «escribí» varios días atrás, pero la carta se había perdido). *Hayer* tuve una mala suerte. Mi azor pasajero a medio adiestrar mató al otro que tenía ya adiestrado en la alcándara. Los dos pájaros estaba posados demasiado *serca*. Medusa, la mía prima de azor muy *vuena* y sana de ocho años, sigue mudando. No me gusta separarme de ella. Mi *húnica* prima de azor pasajero de este año, capturada en el principio de septiembre, ya está domesticada, vuela al puño y empieza a cazar conejos bien. Creo que este pájaro también servirá para *casar* liebres, si tiene patas muy fuertes. Quizá tenga que *separrarme* de ella más tarde. No dude que intentaré conseguirle una otra prima de azor pasajero. Por favor, es tan amable de decirme si quiere un pájaro adiestrado o no. Las primas de azor son mucho menos comunes que los *tersuelos*».

Le respondí a este noble y cortés caballero, que se había tomado la molestia de escribir en mi idioma y tenido la previsión de usar una máquina de escribir para no hacerme descifrar una caligrafía extranjera (yo, por mi parte, que no sé escribir en alemán, tan solo pretendo hacer una pequeña broma a costa de su muy exitoso intento), que me daba igual que el azor fuese macho o hembra, mientras que no estuviese adiestrado. No obstante, qué rebelde que era el azor. Mi intento por conseguir un esmerejón en primavera había terminado con este muerto a manos de un azor en la halconera del secretario del Club de Cetreros Ingleses; la carta que le había enviado a Gilbert Blaine para pedirle ayuda había recibido la respuesta de que ya había perdido un azor, que andaba suelto por su isla; y ahora, el que quizá fuera el mejor azorero vivo, que por lo visto había adiestrado o medio adiestrado un azor en tres semanas, me decía que su propia halconera estaba de luto.

El siguiente momento feliz ocurrió cuando visité las trampas por la tarde. Tenía que visitar dos, dado que había modificado la de la cerceta para que fuese automática, un cambio acerca del que no estaba muy seguro y que no creía que funcionara.

La trampa de metal del arce había saltado y atrapado algo. Al salir, me había sentido de pronto optimista y había cogido el guante de cuero y un calcetín viejo, dos utensilios que no me había molestado en llevar conmigo desde hacía quince días. Ahora iba con la escopeta al hombro, fingiendo que tan solo había salido a cazar una liebre para cenar. Cuando vi que la trampa estaba ocupada estaba a varios cientos de metros y en un lugar particularmente bueno para cazar liebres. Traté de mantenerme alerta por si veía alguna, de hacer tranquilamente lo que tenía previsto; pero me fue imposible. Los pies se me fueron hacia la trampa, no hacia las hierbas altas. Me acerqué para ver bien el árbol con pasos cortos cada vez más rápidos, hasta el punto de llegar a ignorar un lebrato grande que echó a volar a unos quince metros de mí.

Era un mochuelo, como de costumbre. La trampa del cepo atrapó tres y un cárabo, antes de que la quitase. Nunca fue muy segura y le dislocó la articulación de una pata a uno de los mochuelos, así que dejé de usarla.

Tercera parte

Me equivoqué por partida doble. El invierno había continuado con lo que empezó el verano y envuelto todo en una gris manta de negativas, respondiendo al cariño y al afecto con una impenetrable capa de bolas de algodón. También me había equivocado, aquel lejano día (ya que los errores parecían alargar el tiempo), cuando, durante un momento a primera hora de la mañana, me había planteado si estaba o no enfermo. Era apendicitis, me decían ahora, y me sacaron de mi seguro refugio entre los árboles desnudos, me alejaron de mi perra perpleja, para llevarme a la realidad de estar enfermo, de gente, cuchillos y sutura; y me vi obligado así, el día antes de que me operaran, a rechazar una prima de azor pasajero que había conseguido Renz Waller. Fue un duro golpe, porque un pasajero solo se podía atrapar durante las migraciones invernales o primaverales, y ahora no podía hacer nada salvo esperar la primavera.

No había nada que hacer salvo esperar, pero aun así el ahora lacerado cuerpo se enfrentaba con sus débiles fuerzas al destino. A finales de enero me enteré de que un par de cernícalos habían anidado en un establo cercano. Un ganadero, al salir temprano a entrar las vacas con una linterna eléctrica para evitar mojarse con los charcos del camino, los había visto, había saltado hacia las vigas y había tocado la cola de uno de ellos antes de que se fuesen volando. Fui al día siguiente y encontré sus excrementos y egagrópilas. Estas últimas tenían alas de escarabajo y piel de ratón. Sin embargo, el contacto humano los había asustado. Uno nunca volvió, y el otro, que dormía solo y sospechaba de todo, era demasiado receloso como para acercarse a él con pasos nocturnos sobre la crujiente nieve.

El tiempo pasaba lentamente, la nieve caía y se amontonaba, la chimenea echaba humo, y los viejos robles que se habían envuelto en sus andrajosos mantos de harapos marrones siseaban con el viento del norte. Aparecieron entonces las campanillas de invierno, solo para ser castigadas con mucha más nieve; y después, tras lo que parecieron muchos años de crueldad y abatimiento, en los que se abandonaron automóviles en montones de nieve, los caminos de acceso a las granjas quedaron vilmente encharcados a lo largo de áreas, las botas de goma hacían ruido de ventosa en el barro que tiraba hacia abajo, los ríos y desagües bajaban revueltos y marrones y anchos y con fuerza por la lluvia incesante, llegaron los corderos desamparados, y sus madres hinchadas y empapadas cogieron la duela. Pasaron muchos más siglos, mientras la gente temblaba por la gripe o tosía de forma áspera, y después llegó algo de buen tiempo. La caza había parado pronto, después de varios accidentes debidos a las terribles condiciones, pero ahora, semanas más tarde, llegó una explosión de sucio amarillo Nápoles en los sauces y los diversos espinos difundieron por el aire un suave aroma a verde. Los pájaros hicieron que los silenciosos campos se llenaran y resonaran con su música. Había violetas y muchas otras flores pequeñas y hermosas, que mis atontados ojos no conocían, por todo el suelo del bosque. Las grises ardillas corrían enfadadas de nido en nido. Los sabios y encantadores grajos volaban con ramitas en el pico. Los ruiseñores cantaban como ángeles. Aparecieron de golpe al atardecer un par de chotacabras muy tempranos, que empezaron con su canto vibrante, aunque todavía no hacían ruido con las alas, y me llegó una bendita postal de Waller que decía que había atrapado por fin dos azores, los únicos especímenes que tendría esa primavera. Uno era un terzuelo zahareño, el otro una prima con el primer plumaje, bastante dañado. Me iba a enviar esta última.

Los alerces, muy temprano, ardían con su verde lima, y los distintos árboles frutales empezaban a florecer. El ciruelo de Damasco que estaba junto a la ventana de mi habitación recobró sus hojas, como si hubiera vuelto a poner los muebles almacenados en su sitio habitual en una casa vacía, de forma exacta, recordando mantener la antigua disposición. Las había visto caer cada mañana, mientras me preguntaba si volvería a verlas de nuevo jamás, y ahora era como si nunca se hubieran ido y su presencia hacía que todo ese tiempo deprimente fuera tan solo un sueño olvidado. Los árboles que me conmovían especialmente, no obstante, eran los cerezos silvestres. Eran libres, vivían salvajes. En los huertos, los cerezos domésticos se alzaban dócilmente entre los setos, pero los silvestres crecían sin control y sin servir al hombre: eran espíritus libres, árboles feroces.

Era primavera. Tras salir a ciegas como un topo, me encontré en el jardín con una pala. El extraño impulso de la estación me había hecho salir para enfrentarme con las enredadas raíces de las romazas, los cardos y las ortigas, demasiado tarde como para que sirviese de algo, pero era algo irresistible y que hacía inconscientemente. La gente del pueblo se afanaba en sus parcelas como una horda de jorobados Adanes vestidos con ropas mohosas, cazadores de babosas que eran como babosas, pero a los que impelían Dios sabe qué fuegos primaverales y planes para las plantas. Puse espalderas y planté rosales de enredadera que no llegarían a ver el otoño, construí un palomar torcido, hice un parterre y fui a Woolworth's a por semillas, compré una guadaña (y, por suerte, desenterré un trozo de piedra con la que afilarla mientras hacía el parterre), puse una glicinia para que se secase alrededor de una cañería y compré una docena de geranios en un arrebato de nostalgia por el color de las flores. Mientras tanto, me rodeaba un numeroso grupo de animales silvestres, de tal forma que el granero y todos los edificios auxiliares estaban ocupados por algo que necesitaba que lo alimentase: una pareja de crías de tejón que se peleaban con ansia por beber leche caliente con azúcar de una botella de champán y me mordisqueaban los tobillos entre ruiditos cuando no lo hacían con la tetilla de la botella; una colonia de conejos silvestres y palomas en la tahona; un cárabo que movía la cabeza sobre cojinetes, extremadamente sabio y exquisitamente cortés; crías de paloma que me metían sus obscenos picos en el puño, lo que acostumbran a hacer directamente en el buche de sus padres, y entre ellas un pichón de zurita, más independiente y capaz de volar antes.

Fueron intentos no muy concienzudos de rendirle tributo a la recién despierta Proserpina, porque había ido a Croydon a recoger mi segunda rapaz.

Sería tedioso volver a explicar de nuevo cómo adiestré a Cully, aunque con un pasajero salvaje cada problema era nuevo; y sería prematuro escribir acerca de las otras rapaces que aprendí a adiestrar después. No obstante, hay dos breves temas que debo tratar para terminar la historia. Debería aclarar el misterio de los supuestos gavilanes, para atrapar a los cuales había inventado durante tanto tiempo tantos artefactos maravillosos, y quizá debería terminar con una caza.

Empecé a ser consciente de la verdadera población de rapaces que había un año después de que escapara Gos (y ninguna rapaz te llega al corazón como lo hace la primera, ni se recuerda tan nítidamente), cuando descubrí que mi pequeño coto realmente albergaba una familia de alcotanes. Había varios mochuelos, un cernícalo en la linde oeste, otro en la este, un gavilán que ocasionalmente venía desde el norte (al que había visto cazar) y esta familia de alcotanes del bosquecillo de Hoptoft. Fue a estos que vi primero, sin ser capaz de reconocer entonces tal rareza, y, poco después de que Gos escapara, migraron de acuerdo a la ley natural. El propio Gos probablemente se quedó enganchado en un árbol por las pihuelas (un cazador furtivo no muy de fiar me juró que lo había visto colgado, pero no me quiso llevar al sitio) y murió allí. Mientras el principiante estaba ocupado haciendo trampas y lugares para esconderse, todo se moría o se escapaba. Ahora, casi dos años más tarde, estoy seguro de que la única forma sensata de atrapar un zahareño, ya sea un gavilán o un alcotán, es dar vueltas con los ojos bien abiertos hasta que ves uno cazando, después, alejarlo de la presa muerta, atar esta firmemente (con fibra natural para jardinería, que parece hierba seca) en el centro de una trampa abatible o de plumas (una buena idea es poner lazos de cuerda de tripa en lugares convenientes del cadáver, para que los pies de la rapaz se queden enganchados), y finalmente retirarse a una distancia prudente con binoculares. Este método probablemente sea ilegal. Los alcaudones, los refugios en la tierra y las palomas en mástiles quizá les habrían servido a intelectos mayores que el mío, en el más propicio entorno de Valkenswaard.

Cully era una bestia hermosa, aunque no tanto como el pequeño esmerejón de manchas negras que vino después, Balan, y la pude adiestrar en dos meses, a pesar de ser un pasajero.

Ahora narraré, pues, para terminar de describir esta vieja imagen, el día de nuestra primera caza.

Martes

Sospechaba que en carreras muy largas a campo través el harrier* a menudo pensaba que nunca llegaría al final, que siempre pensaba que no tendría fuerzas suficientes para terminar y que, entonces, cuando por fin llegaba a la meta, pensaba que había sido bastante fácil. Podría haber seguido corriendo mucho más lejos, se sorprendía de sus dudas, deseaba que hubiera unos cuantos kilómetros más por recorrer. Esto mismo pasaba con Cully. Me habían sobrecogido la emoción y el terror las veces que la había hecho volar libre (después de haber aprendido a venir rápidamente atada con el fiador) salvo por unos tristes nueve metros de cuerda atados a una de las pihuelas. Hacía que fuese hacia el señuelo más o menos libre de esta forma, con la cuerda detrás de sí como mecanismo de seguridad, con la idea de que si en efecto se posaba en lo alto de un árbol dicha cuerda quedaría colgando y me daría una oportunidad de capturarla. El siguiente y aterrador paso había sido hacer que volase al señuelo sin cuerda alguna. Sentí incluso una punzada de agonía cuando hice que volase en pos de animales salvajes totalmente libre por vez primera, sin cuerda; una punzada que sentimos ambos, dado que Cully, sin apenas

---

* Raza de perro de caza mediano. Tiene su origen en Reino Unido. *(N. del E.)*

esforzarse por alcanzar al conejo, se posó inmediatamente sobre una valla a dos metros de distancia y miró a su amo llena de asombro.

La culpa la tenía el plumaje. Cuando la atraparon le habían roto la mitad de las plumas caudales y casi todos los cuchillos del ala izquierda. Me había visto obligado a injertar sin saber hacerlo bien, a una escala demasiado grande, y el resultado había sido desastroso. Ahora, cuando estaba a punto de empezar la muda, ya se le habían roto de nuevo casi todas las plumas dañadas (porque no había tenido otra alternativa que usar insatisfactorias plumas de busardo ratonero ya que, como era un pasajero, Waller no me había podido enviar ninguna de las de su muda anterior), y durante ese año estuvo en un estado verdaderamente lamentable, sin cola con la que maniobrar y tan solo un ala y media. No obstante, lo que era seguro era que íbamos a cazar algo, íbamos a cazar un conejo silvestre, después de que la rapaz alzase el vuelo desde el puño bajo un cielo azul, sin importar las veces que tuviéramos que intentarlo. Sin importar lo débil que fuese su vuelo, la pobre Cully me iba a dar esa satisfacción, antes de que la dejase en la halconera para que hiciese la muda.

Un día abrasador. Todo lo deprimente que había sido el verano pasado quedaba compensado con este día, y el heno seguía sin cortar. Desde hacía ya una semana, el azorero se había visto obligado a acarrear a Cully tan solo en el frescor de la tarde y había caminado sin cesar desde las cinco hasta las diez, en busca de ese conejo verdaderamente fácil de cazar que le daría a la tullida una oportunidad justa de poder considerarse «hecha». La había lanzado nueve veces ya tras conejos difíciles, pero sin éxito debido a su plumaje. Estaba espléndidamente «en *yarak*», que es el término adecuado para decir que una rapaz está lista para volar, y reposaba en el puño totalmente centrada en la caza. Su ración consistía en catorce gramos de carne, y no tenía miedo de perderla.

Sin embargo, había otros problemas, relacionados con la cooperación. Cully había aprendido la lección preliminar, que estaba allí para cazar, pero todavía no había aprendido a seguir mis órdenes. Dado que siempre veía cualquier cosa que se moviera dos o tres segundos antes de que yo lo hiciera, generalmente no nos poníamos de acuerdo. Era frustrante que volase hacia cosas invisibles, y, por tanto, yo no me atreviese a soltarla, pero era todavía peor que un objeto desconocido llamase su atención justo antes de que mis ojos lentos vieran a la posible presa. Cuando eso ocurría, me quedaba quieto, hirviendo de indignada impaciencia, incapaz de entender lo que hacía o de hacerle entender lo que yo hacía, y la inestimable oportunidad se nos escapaba. Era como estar esposado a un idiota en una fila de convictos, pensaba amargamente.

El sol brillaba, y teníamos la tarde por delante. Estábamos ambos, por dentro, exhaustos y tensos sin saberlo: yo porque llevaba intentado cazar este conejo como culminación del adiestramiento durante una semana, y tenía miedo de que no lo conseguiría antes de la muda que se aproximaba, y Cully porque se sentía inválida, se le habían escapado nueve conejos, y empezaba a desanimarse. Teníamos que cazar al conejo hoy o el desánimo podría dificultar que cazase para siempre.

Después de media hora de llevarla en el puño, Cully erizó las plumas por segunda vez. Esta era la señal esperada de que estaba «en *yarak*», de que estaba de buen humor, preparada y no daría problemas. No era seguro hacer que volase antes de que erizase las plumas dos veces, con ese suave agitar que indicaba que estaba contenta. Desanudé la lonja con dedos temblorosos, quité el tornillo y la sujeté solo por las pihuelas: ya estaba lista para el combate. Estábamos en el campo junto a lo que se conocía como el Cobertizo de los Árboles, de camino a los terrenos de Tofield. Cully erizó sus pobres y rotas plumas por tercera vez, preparada.

Casi de inmediato, surgió la oportunidad perfecta.

Era una cría de conejo, demasiado joven como para ser escurridiza, y estábamos entre ella y el seto. Cully la vio primero, como de costumbre, y se lanzó en picado como un rayo. Yo, también como de costumbre, no la vi en absoluto, así que la retuvieron las pihuelas.

Subió de nuevo al puño, frustrada y perpleja, y la cría, asustada por su aleteo, empezó a correr hacia el seto. La vi ahora por primera vez, me maldije por haber detenido a Cully, me pregunté si seguiría mereciendo la pena hacer que volase, decidí que sí, decidí que no, me di cuenta de que Cully se disponía a un segundo ataque, me decidí a dejarla ir, aunque había decidido lo contrario, moví el brazo y de pronto las gigantescas alas se habían desplegado. Estaba en el aire. El conejo le llevaba cinco metros de ventaja. Estaba a nueve metros del seto. Estaba en la zanja. Cully también. Resoplaba entre un lío de ramitas, con las garras furiosamente clavadas en el lugar donde había estado la presa. Sus ojos ardían. Había vuelto a fallar.

El párrafo anterior debe leerse a voz en grito, en tres segundos, para entender lo que pasó.

Me acerqué a la rapaz humildemente, a sabiendas de que había arruinado una buena ocasión. Me puse a su lado, mientras ella me miraba furiosa y maldecía, extendí el guante y le dije febrilmente: «Ven, Cully». El pájaro soltó el trozo de hierba que estaba estrangulando lleno de furia, dio un par de pasos y saltó al puño con un golpe de alas. Décimo fracaso.

Sin embargo, yo estaba ahora más alerta ante cualquier emergencia, al igual que Cully lo estaba menos porque la había retenido. Ciento ochenta metros más adelante, en el mismo campo, un par de perdices levantaron el vuelo a nuestros pies. Eran pájaros fuertes y viejos, y estaban fuera de temporada, pero yo estaba demasiado afectado como para pensar con claridad. Moví hacia arriba el brazo en el que estaba posada la rapaz, y Cully, que no estaba en absoluto preparada, echó a volar. Las perdices salieron disparadas como balas, las alas malheridas remaron seis veces, y después Cully se posó en el suelo. Me miró confusa con unos ojos que decían claramente: «¿Qué demonios te pasa?», y tuve que agacharme para recogerla por las pihuelas. Con este eran once.

En el pastizal, un conejo adulto se levantó cerca del arroyo, con unos noventa metros que recorrer antes de poder llegar a refugiarse en un seto. Tanto el hombre como la rapaz estaban bien alerta, y al primero incluso le dio tiempo a proferir la grita, una inocua reacción de anticuario, que afortunadamente no importunó a Cully. «¡Es nuestro!», gritaba cada fibra de mi cuerpo. «¡Hay noventa metros!» Sin embargo, el viejo macho zigzagueó a lo largo de un surco lleno de hierba, corrió haciendo ángulos rectos, y la cola rota no permitió a la rapaz girar con suficiente rapidez. Cully lo sobrepasó y se posó en el suelo de nuevo con un aire casi humano de desolación.

Pobre Cully. La recogí del suelo con el corazón lleno de odio y continuamos nuestro camino. Doce fracasos tras tantas millas de andar al acecho, día tras día, de cinco a diez. Me dolía la espalda de andar con paso pesado, para no resbalarme y caerme de espaldas, sobre campo tras campo de hierba seca y resbaladiza y tierra cocida. Incluso Brownie, la setter irlandesa de adorable imbecilidad, se las había ingeniado para cazar al segundo conejo de su vida (y se había puesto mala después por el remordimiento), pero nosotros no éramos capaces. Me dolían la cabeza y los ojos, de tratar de ver con tanta agudeza como mi compañera. Me dolía incluso el cerebro, porque me había rebajado tanto en la búsqueda de una presa fácil como para cazar furtivamente en los terrenos de un vecino, y uno nunca podía sentirse cómodo cuando cazaba así.

¡Cully! ¿Había visto lo mismo que yo?

No, no lo había visto.

Estábamos en los terrenos de Tofield, el mejor sitio de todos, y cerca del seto. A nueve metros de nosotros, incapaz de llegar al seto sin pasar por nuestra posición, había una cría de conejo que no habría tenido ninguna posibilidad de escapar. Estaba tumbado sobre la hierba; tan solo era unos ojos salvajes que me miraban fijamente.

Pero Cully no lo vio. Estaba atenta a algo que estaba a medio campo de distancia a la izquierda, e íbamos a perder la oportunidad definitiva.

Fui lo suficientemente listo como para no hacer ningún movimiento brusco. Muy despacio, empecé a levantar el brazo de la rapaz con cautela. Lo levanté y levanté. Tenía a la rapaz por encima de la cabeza. Los ojos del conejo seguían escondidos. Cully no lo veía.

Y entonces, de pronto, lo hizo. Sentí como sus garras asesinas apretaban el guante. Nos quedamos allí inmóviles, devolviéndoles fijamente la mirada a aquellos ojos. Nuestras venas se fusionaron, y la sangre circuló a través de ambos. Sentía como los huesos de Cully se preguntaban si la retendría y si podría cazar a pesar de sus plumas; ella sentía el terror que reflejaban los míos.

«Ve, Cully», le dije. No tuve agallas para repetir la grita.

Y vive Dios que Cully fue.

En el momento en que desplegó las alas, el conejo se movió también. Estábamos entre él y su hogar, así que tuvo que correr hacia el bosque de Three Parks, que estaba a unos cincuenta metros en la otra dirección. Tenía nueve metros de ventaja, y su perseguidora era una tullida. En el momento en que se hacía volar a una rapaz, uno se sentía como si le abandonaran las fuerzas, como si su vida tuviese lugar fuera de sí. De pronto me convertí en un espectador. Parecía que el conejo alcanzaría el bosque.

Sin embargo, vivía donde estábamos nosotros. No sabía qué refugio encontraría alejándose y estaba decidido a abrirse paso en dirección contraria. Las andrajosas alas fueron tras él, llegaron a menos de un metro de distancia, y desde lo más profundo de mí le daba a Cully ánimos y consejos, le suplicaba que golpease ya. Era como ser un espectador en una competición de atletismo que se impulsa en el aire para intentar ayudar al saltador de altura. Cully tenía las garras a menos de treinta centímetros, y el conejo hizo una caída.

Cully lo sobrepasó, tratando en vano de detenerse con su media docena de plumas caudales rotas, y aterrizó en suelo vacío. Su presa se había puesto en pie de nuevo y corría ahora directamente hacia mí. Cully fue tras él, dando saltitos como un canguro. Fue horrible contemplar a una criatura que debería ser capaz de volar, corriendo lastimosamente detrás de su presa entre saltos. Pero consiguió ganar velocidad de vuelo, consiguió elevarse. Corrí haciendo gestos para intentar detener al conejo; veía como los ojos amarillos del pájaro ardían con un fuego interno. El conejo giró para intentar rodearme. Cully le rozó el lomo. Aterrizó. El conejo volvió a girar, pero ella giró con él. Se impulsó primero con las dos patas, luego solo con una y, finalmente, se abalanzó sobre su presa. ¡Lo había conseguido!

Saqué mi cuchillo de caza y me uní a ellos con media docena de pasos. Era un cuchillo grande de monte, muy afilado. Cully tenía preso al conejo, que no podía hacer nada, con una de sus terribles garras en la parte baja del lomo y la otra en la alta. Puse la punta del cuchillo entre las orejas del roedor, empujé hacia abajo y clavé el cráneo hendido en el suelo.

«Sed de sangre» es una expresión que se ha desvirtuado. La han deslustrado. Sin embargo, si se la divide en sus partes fundamentales, y se piensa en «sed», se entenderá lo que es la verdadera sed de sangre.

Bien, pues Cully ya está sana y salva en la halconera para hacer la muda. Yo estoy en mi acogedor estudio, con una gran copa de vidrio veneciano que me regaló una de las mejores mujeres del mundo para un momento así. Está llena de champán, una bebida no muy seria pero simbólica y bastante recomendable como bebida medicinal. Es una hermosa, hermosa noche, y salgo con la copa a ver a Cully en la halconera. Me mira con la cabeza ladeada, con el buche tan lleno de conejo que verdaderamente me tiene que mirar por encima de él, como una paloma buchona. La setter irlandesa ha venido también, azulada bajo la luz de la luna, y está entre los dos lunáticos, con una expresión esperanzada y también con la cabeza ladeada. «Bueno, Brownie», digo, mirándola y alzando educadamente la copa, «quizá estemos locos cuando el viento viene del nornoroeste, pero cuando sopla del sur, al menos sabemos distinguir a una rapaz de una garza».

Epílogo

Siempre y cuando uno viviese en 1619 y estuviese adiestrando a un azor de acuerdo a las nociones de Bert, el azorero, toda la primera parte es real como la vida misma. Los cetreros pierden sus rapaces, demasiado a menudo, y esto siempre les provoca tal vuelco del corazón que casi los ahoga.

Pero yo no vivía en 1619, y no fue hasta un par de veranos después de mi primera toma de contacto con Gos que conocí a un cetrero vivo junto a sus rapaces de plumas perfectas, lo vi trabajar y descubrí que la cetrería era un arte vivo. No era algo muerto, que había terminado en 1619, sino una técnica que había crecido y había evolucionado, que se había convertido en algo muy diferente para el año 1950 y que seguirá su evolución.

Si se imagina una escalera de estilo Tudor de una casa de campo, con sus escudos de armas, sus balaustres tallados y sus grifos heráldicos, y la compara mentalmente con la escalera cromada de un hotel moderno, podrá imaginarse la diferencia entre lo que yo había estado haciendo con Gos y lo que un azorero sensato haría hoy.

No es en absoluto necesario «hacer guardia» con un azor para amansarlo.

Un cetrero de verdad habría llevado a cabo el adiestramiento de la forma que describiré a continuación, ya fuera para un niego o un pasajero.

Cubierta de corcho

Bloque de madera de unos cuarenta y cinco centímetros de alto

Surco en el que puede girar una anilla de hierro

Suelo

Aro de la anilla

Púa de hierro

Primero, se habría hecho con un «banco», aunque un arco sirve prácticamente igual de bien.

Después de haberle puesto al azor las pihuelas y la lonja, habría llevado el banco a la parte más retirada de su jardín, habría clavado la púa en el suelo y habría atado la lonja al aro de la anilla con un nudo de halconero.

Ya que estamos hablando del tema, y dado que ha sido mencionado en el cuerpo del texto y que es algo hermoso, detengámonos un momento para analizar este nudo. Tiene las necesarias ventajas de que se puede hacer con una mano en diez segundos (los cetreros solo tienen una mano, porque la rapaz siempre está posada en la otra) y es extremadamente resistente.

Bien, después de haber atado al azor al banco, el cetrero lo habría dejado solo y tan solo habría ido a visitarlo una o dos veces al día para alimentarlo. Tiraría la comida cerca del banco, exactamente la cantidad necesaria para mantenerlo sano, y se iría de inmediato.

Después de unos días, movería el banco a una parte ligeramente más poblada del jardín, donde quizá el azor lo vería

1.

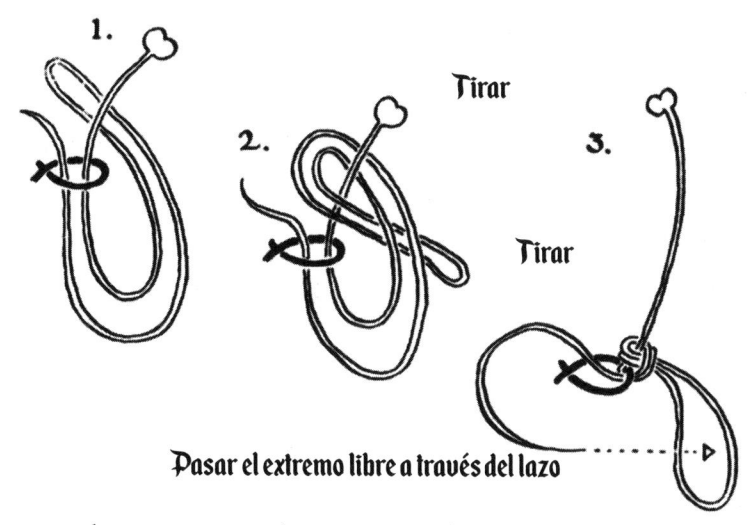

2.

Tirar

3.

Tirar

Pasar el extremo libre a través del lazo

pasar de vez en cuando. Seguiría alimentándolo como antes. Después de unos días más, movería el banco a un extremo alejado del jardín, donde el pájaro vería el tránsito a través de las puertas delantera y trasera. Unos pocos más y quizá lo pondría justo en el centro del jardín, aunque mantendría la máquina de cortar el césped bastante alejada. Más tarde, permitiría a personas entrar y observar al azor, quizá no desde demasiado cerca, y este ya habría empezado a saber y anticipar cuándo era su hora de la comida. Toleraría a su futuro amo, lo dejaría quedarse cerca cuando llevase la carne y puede que incluso empezara a saltar hacia la comida antes de que este la dejara en el suelo. De esta forma, todo transcurriría de forma agradable y fácil, imperceptible y natural, casi podría decirse que sin esfuerzo.

Siempre me ha parecido que el verdadero maestro, al trabajar en sus obras, da la impresión de ser despreocupado y perezoso.

De aquí en adelante, el azorero empezaría a disminuir las raciones de comida, haría que el azor saltase al puño a por ella, lo ataría pronto al fiador, disminuiría mucho las gorgas hasta que tuviese hambre de verdad, le quitaría el fiador (algunos lo llaman «el confiador») y tendría un azor que volaba libre en aproximadamente el mismo tiempo que me había llevado a mí empezar mi segunda guardia.

No obstante, pesaría el azor cada día; tendría calculada la cantidad de comida necesaria para mantenerlo hambriento con tanta precisión que habría de pesar la carne con un pesacartas; y, si dejaba de prestarle atención al estómago del ave durante un solo día, existiría la misma probabilidad de que se le escapase que a mí.

6/2/51

Sin duda, habría sido muy agradable añadir algo de ficción más tarde, para contar que una mañana de primavera, mientras estaba sentado con el pelo canoso frente a la ventana de mi solitaria casa, escuché un ligero picotazo contra el cristal, y allí, con buen aspecto y feliz, junto a su nueva mujer que se miraba tímidamente las garras y a sus adorables polluelos en fila por parejas detrás de ellos...

Desafortunadamente, estas cosas no pasan en la vida silvestre de las rapaces. Si hay algo seguro es que Gos se quedó enganchado por las pihuelas a alguno de la miríada de árboles de la zona y, que allí, colgando boca abajo del cuero mohoso, el amasijo de huesos verdes y plumas rotas quizá siguiera balanceándose con el viento invernal.

Quizá muriera de apoplejía o le disparara un guardabosque, pero es casi seguro que no había sobrevivido, ya que, de forma singular, los azores generalmente necesitaban que les enseñaran a cazar. En su estado natural, lo hacían los padres; en cautividad, era responsabilidad del azorero.

Salvo por la musaraña que cazó por sí mismo, si se acuerdan, yo probablemente no había llegado a esa etapa con Gos. Habría decidido volver a su percha para no morirse de hambre, se habría quedado colgado de una rama o lo habría matado un humano. Tan solo me queda suponer que aquellas «vueltas majestuosas y relajadas» del Gos libre y feliz de la página 145 o bien fueron una ilusión causada por una lejana bandada de grajos que volaba en círculos alrededor de otra, que supuestamente lo estaban acosando, o bien una mentira que escribí para tratar de darle al lector del libro que en aquel entonces trataba de escribir una especie de final feliz. Se me ha permitido añadir este epílogo precisamente para disculparme por esa ignorancia o engaño.

De hecho, en el caso de la segunda y la tercera partes, fue de todo menos fácil convertir mis anotaciones del dietario en un diario propiamente dicho sin mentir, porque había un secreto por el que me sentía culpable que debía guardar a toda costa. Tuve que manipular los hechos con deseo e indecisión, y una de las razones por las que al final dejé de lado todo este asunto durante quince años fue porque no sabía cómo guardar dicho secreto, era demasiado ignorante como para saber con certeza que se trataba de un secreto y, de hecho, no había logrado guardarlo.

El secreto eran los alcotanes. Son de los más raros de todos los halcones que migran para criar en Inglaterra, tanto que bajo ningún concepto se le puede hablar a nadie, y aún menos publicar nada, sobre ellos. Todos los nombres en mi libro son reales. Cualquier ornitólogo sin escrúpulos tan solo tenía que identificar el lugar o a mí, esperar por la zona con unos binoculares en la estación adecuada y después hacer que el número de alcotanes que anidaban en Inglaterra disminuyese en una pareja.

Seguiría sin poder publicar nada sobre ellos a día de hoy*
si no fuese por el hecho de que durante la Segunda Guerra
Mundial construyeron un enorme aeródromo justo frente
a su casa, que ahora usa un grupo de hombres-escarabajo
en automóviles que dan vueltas y vueltas por él entre zumbidos, así que los adorables alcotanes se han ido por propia
voluntad.

9/2/51

La cetrería es tan antigua como Babilonia. Nunca ha sido un deporte muerto y continúa evolucionando. Actualmente se practica mucho en Estados Unidos, donde hay cetreros jóvenes, entusiastas y progresistas que están haciendo maravillas permaneciendo tranquilos y calmados. Si un buen cetrero estadounidense tuviera a bien venir a Europa y enseñarnos cómo hace las cosas, haría que los viejos carcamales reaccionaran.

La cetrería es extraordinariamente tenaz. Para haber seguido viva desde la época de Babilonia, tiene que haber tenido una fuente continua de savia. Como la hiedra, sortea obstáculos y continúa su crecimiento.

Cuando se publicó el libro *Pteriflegia, o el arte de disparar pájaros en vuelo*,† que trataba sobre la caza al salto, se podría haber pensado que la escopeta Purdey sucedería a las rapaces; pero el príncipe Alberto decidió construir su Palacio de Cristal para la Gran Exposición alrededor de un árbol, y los arrogantes gorriones londinenses se negaron a abandonarlo.

---

* Por supuesto, paré de intentar atraparlos cuando me di cuenta de que eran alcotanes.
† *Pteryphlegia: Or, the Art of Shooting-Flying*, de Abraham Markland (1727). (N. del E.)

Se descubrió que defecaban sobre los hermosos objetos expuestos en la sala principal y, también, sobre los visitantes. La reina Victoria, desesperada, mandó llamar al duque de Wellington. «Probad con gavilanes, señora», le dijo, y eso hizo, y funcionó.

Incluso durante la Segunda Guerra Mundial, este arte consiguió mantenerse vigente. Se descubrió que los pájaros pequeños que vivían en los aeródromos eran letales para los aeroplanos si llegaban a chocar contra el sitio equivocado. Una alondra podía atravesar el parabrisas como si fuese una bala. Así, la Royal Air Force creó su propia brigada de cetreros (algo que demostraba una absoluta falta de prejuicios y que era tan típico de esta gran rama del ejército), y los jefes de escuadrón de esta se encargaban de adiestrar rapaces y mantener a los pájaros pequeños alejados de los aeródromos. Así, esta ciencia fue oficialmente reconocida y se mantuvo con vida.

Esa brigada ya ha sido suprimida. En Inglaterra, ya no se puede alimentar a ninguna rapaz, salvo quizá al pequeño esmerejón, con una ración de cien gramos de carne a la semana, porque, durante la muda, se les debe dar de comer mucha carne.

La cetrería continuará practicándose en Estados Unidos, y debemos consolarnos con este hecho; sin embargo, lo que la escopeta Purdey no consiguió, lo que Hitler no consiguió, ya se ha conseguido.

10/2/51

«A Atila, rey de los hunos», dice Aldrovandi, «el más truculento de los hombres, a quien solía llamarse "el flagelo de Dios", el azor le gustaba tanto que lucía uno coronado en su escudo, su casco y su píleo». A esto le añade la cita de Lucano: «Estos, aparte de las formaciones latinas, contaban con el incansable azor».

11/2/51

Lo que ocurre al relacionarse con una rapaz es que no se puede ser descuidado. Una rapaz no puede ser una mascota. No hay lugar para la sensiblería. En cierta forma, es el arte del psiquiatra. Enfrentas tu mente contra otra de forma mortalmente racional e interesada. No se desea ningún intercambio afectivo, no se exige un innoble homenaje o gratitud. Es un tónico para el salvajismo menos evidente del corazón humano.

«¿El mismo que hizo al cordero te hizo a ti?»* Pues sí, así es.

12/2/51

Cuando una rapaz mata una presa, se la debe recompensar por ello. Cuando se ha comido las cabezas de unos tres gallos lira, deja de tener hambre, y, por tanto, no es seguro que vuele.

Así pues, ningún cetrero puede permitirse participar en una batida.

Si se pudiera sumar el número de conejos que mata un azor libre al año y compararlo con el de uno adiestrado al que se le ha dado mucha carne durante la muda, probable-

---

* Verso del poema *El tigre*, de William Blake. *(N. del E.)*

mente serían iguales. Al contrario que el cazador que mata mansos faisanes a millares, el feroz azorero probablemente no contribuye a aumentar el número de conejos que iban a morir de todas formas.

13/2/51

Debido a algún juego del destino, la bonita palabra que es «terzuelo» no ha surgido en ninguna parte del libro. Entre las rapaces en general, la hembra es siempre aproximadamente un tercio más grande que el macho; así, a un macho se le llama terzuelo. Gos era uno.

14/2/51

Hay un viejo proverbio que reza: «Cuando tu primera mujer muere, te deja tal vacío en el corazón que todas las demás se cuelan por él». Es una gran verdad.

Desde la época de Gos y Cully, el que escribe ha adiestrado, además de búhos, dos esmerejones y cinco halcones peregrinos, e incluso ha sido el dueño nominal durante unas pocas y breves semanas de un gerifalte islandés, a uno de cuyos hermanos se llevaron con solemnidad a Alemania en un aeroplano de metal corrugado para regalárselo al general Göring.

Cada uno de estos asesinos tuvo su propio carácter: eran tan particulares y diferentes entre sí como ocho anarquistas distintos. Los recuerdo con cariño y afecto; pero el más importante de todos siempre será Gos.

Al azor, dice Aldrovandi, se lo conoce como el pájaro de Apolo, porque está consagrado al sol. Esto solo puede deberse a sus ojos llameantes. Al echar la vista atrás a través de la espesa niebla de quince años, lo recuerdo principalmente por sus patas cubiertas de armadura, con aquellos dedos nudosos que terminaban en garras que parecían cimitarras. Llevo barba, y por algún motivo que ahora no recuerdo, una vez me arañó la barbilla. Recuerdo quedarme de pie, con una sonrisa que enseñaba los dientes como la de un lobo, mientras la sangre corría y serpenteaba por la maraña de pelo, y Gos seguía comiendo la carne que le había dado. Recuerdo aquella especie de pantalones bombachos de plumas que le cubrían los muslos y la forma en que los músculos de esa zona se tensaban convulsos cuando estaba furioso. Era un hitita, un adorador de Moloch. Sacrificaba víctimas, saqueaba ciudades, pasaba a vírgenes y niños por la espada. Nunca fue un tigre viejo. Era un oficial prusiano, ataviado con su característico casco y un monóculo, que atacaba con el sable a los civiles que se cruzaban en su camino. Habría tenido buena relación con Atila, el más agresivo de los hombres. Era un jeroglífico egipcio, un toro alado asirio. Era uno de los duques o cardinales locos de las obras de teatro isabelinas de Webster.

¡Mas escuchad! El grito es Astur,
¡Y ved! Las filas se abren,
y el gran señor de Luna
aparece con andar imponente.*

---

* Extracto del poema «Horacio» del poeta Thomas Babington Macauley (1800-1859), recogido en su colección de poemas narrativos *Lays of Ancient Rome* [Cantos populares de la antigua Roma], publicada en 1842. *(N. del E.)*

Ático de los Libros le agradece la atención
dedicada a *El azor*, de T. H. White.
Esperamos que haya disfrutado de la lectura
y le invitamos a visitarnos
en www.aticodeloslibros.com
donde encontrará más información
sobre nuestras publicaciones.

Si lo desea, puede también seguirnos
a través de Facebook, Twitter o Instagram
utilizando su teléfono móvil
para leer los siguientes códigos QR: